Heinz Körner · Heroin

In der Reihe EIN LESEBUCH FÜR ERWACHSENE, herausgegeben von Heinz Körner, sind außerdem erschienen:

EIFERSUCHT – Ein Lesebuch für Erwachsene, mit Beiträgen von Ernest Borneman, Heinz Körner, Edit Lankor, Arno Plack und Adalbert Schmidt.

MÄNNERTRAUM(A) – Ein Lesebuch für Erwachsene, mit Beiträgen von Ernest Borneman, Heinz Körner, Roland Kübler, Erich Rauschenbach und Adalbert Schmidt.

Heinz Körner

Heroin

Die süchtige Gesellschaft

mit Beiträgen von
Kristiane Allert-Wybranietz
Gerhard Edel Brigitte Kohnz
Alexander J. Müller Michael Rommelspacher
und einem Interview von
Christof Theis mit Christiane F.

lucy körner verlag

1. Auflage 1980
2. Auflage 1981
3. Auflage 1982
4. Auflage 1983
5. Auflage 1983
6. Auflage 1983
7. Auflage 1984
8. Auflage 1984
9. Auflage 1985
10. Auflage 1985
11. Auflage 1985
12. Auflage 1986

Gesamtherstellung:
J. F. Steinkopf Druck + Buch GmbH, Stuttgart

ISBN 3-922028-03-9

Aber keine Droge
ersetzt
die Wärme deines Körpers;
nichts ist vergleichbar
mit deinem Lächeln
morgens,
nach einer durchliebten Nacht.

(Kurt Nane Jürgensen)

Wir danken allen Autoren für ihre Mitarbeit und der Bundeszentrale für gesundheitliche Aufklärung in Köln für die Erlaubnis zum Abdruck der Comics von Mordillo. Außerdem gilt unser Dank all denen, die mit Rat und Tat bei der Herstellung dieses Buches geholfen haben.

Anstatt eines Vorwortes

Schon im ersten Band dieser Reihe habe ich auf ein Vorwort verzichtet und statt dessen ein Märchen erzählt. So will ich es auch in diesem Buch halten. Allerdings handelt es sich um ein altbekanntes Märchen, das ich in neuer Form erzählen und um einen wertvollen Teil ergänzen möchte:

Vor langer Zeit lebten die Menschen auf dieser Welt zufriedener und glücklicher als heute. Jedem wurde damals bei der Geburt ein kleiner und warmer Sack mit auf den Lebensweg gegeben. In diesem Sack befanden sich unzählige warme Schmuser, die jeder seinen Mitmenschen verschenken konnte, wann es ihm beliebte. Die Nachfrage nach diesen Schmusern war groß, denn wer einen geschenkt bekam, fühlte sich am ganzen Körper wohlig warm und liebkost. Wenn einer ausnahmsweise einmal zu wenig Schmuser geschenkt bekam, lief er Gefahr, sich eine schlimme Krankheit einzuhandeln, die zur Verschrumpelung, Verhärtung und gar zum Tode führen konnte.

Aber zum Glück war es damals leicht, Schmuser zu bekommen. Immer, wenn einem danach war, konnte man auf einen anderen zugehen und um einen Schmuser bitten. Der andere holte selbstverständlich einen aus seinem Sack, und sobald man sich diesen Schmuser zum Beispiel auf die Schulter gelegt hatte, fühlte man sich wohl und bekam ein rundum gutes Gefühl. Die Menschen erbaten oft Schmuser voneinander; und da sie auch freigiebig verteilt wurden, war es kein Problem, genügend davon zu bekommen. Alle Menschen fühlten sich die meiste Zeit wohl, glücklich und liebgehabt, bis eines

Tages eine Hexe darüber sehr böse wurde. Sie hatte nämlich einen großen Vorrat an Tinkturen und Salben für diejenigen, die tatsächlich einmal krank wurden, doch brauchte kaum jemand ihre Mittel. Sie begann deshalb den Menschen einzureden, daß ihnen die Schmuser bald ausgehen werden, wenn sie weiter so freigiebig damit sind. Und die Menschen glaubten ihr seltsamerweise.

Sie fingen an, über ihre Schmuser zu wachen und nicht mehr so großzügig damit umzugehen. Viele beobachteten neidisch ihre Mitmenschen, wenn diese anderen einmal einen Schmuser schenkten, wurden oft böse und machten ihnen Vorwürfe. Diese wollten ja ihren Eltern, Kindern und Partnern nicht wehtun und bemühten sich, anderen keine Schmuser mehr zukommen zu lassen. Die Kinder lernten das schnell von ihren Eltern: Sie merkten, daß es scheinbar falsch ist, seine Schmuser all denen zu verschenken, die danach Lust hatten.

Obwohl immer noch jeder in seinem Sack genügend Schmuser fand, holten die Menschen immer seltener einen hervor. Die Folgen waren schrecklich: Immer weniger Menschen erhielten die Schmuser, die sie brauchten; immer mehr fühlten sich nicht mehr warm, glücklich und liebkost. Viele wurden krank und einige starben gar an Schmusermangel. Die Hexe konnte jetzt viele Arzneien verkaufen, merkte aber bald, daß sie gar nicht zu helfen schienen. Natürlich wollte sie auch wieder nicht, daß die Menschen starben; wer sollte denn dann ihre Mittelchen kaufen? Sie erfand also etwas Neues: Kalte Fröstler. Sie verkaufte jedem einen Sack mit kalten Fröstlern. Die Fröstler sahen genauso aus wie die Schmuser, nur gaben sie den Menschen kein warmes und liebkosendes Gefühl, sondern ein kaltes, fröstelndes. Aber sie ließen immerhin die Menschen nicht mehr verschrumpeln und sterben.

Wenn jetzt jemand einen warmen Schmuser haben wollte, konnten ihm die Leute, die Angst um ihren Schmuservorrat hatten, statt dessen einen Fröstler anbieten. Oft gingen zwei Menschen aufeinander zu in der Hoffnung, vom anderen einen Schmuser zu bekommen, doch dann überlegte es sich der eine oder andere nochmal, und am Ende gaben sie sich nur kalte Fröstler. Zwar starben kaum noch Menschen an Schmusermangel, weil sie ihn einigermaßen mit Fröstlern ausgleichen konnten, aber die meisten fühlten sich nicht mehr wohl, liefen verbittert und vom Leben enttäuscht umher.

Schmuser waren ungeheuer wertvoll geworden: Eltern ermahnten ihre Kinder, sich genau zu überlegen, wem sie einen Schmuser geben; Paare wachten eifersüchtig über den Schmuservorrat des anderen; Kinder neideten ihren Eltern die Schmuser, die sich diese gegenseitig gaben. Früher waren oft viele Menschen in Gruppen zusammengekommen, ohne sich darum zu kümmern, wer wem Schmuser schenkte. Jetzt schlossen sich alle zu Paaren zusammen und behielten mißtrauisch ihre Schmuser für sich. Wer versehentlich oder weil er gerade Lust dazu hatte, einmal einem anderen einen Schmuser gab, fühlte sich auch gleich danach schuldig, weil er wußte, daß ihm sein Partner das übelnehmen würde. Und wer keinen freigiebigen Partner finden konnte, mußte sich Schmuser kaufen, wenn er welche wollte, und für das Geld Überstunden machen. Einige Leute wurden irgendwie beliebter als die anderen und bekamen eine Menge Schmuser, ohne selber welche hergeben zu müssen. Sie verkauften dann ihre Schmuser zu hohen Preisen.

Ein paar ganz raffinierte Menschen hatten eine Idee: Sie sammelten kalte Fröstler, die ja recht billig und in Mengen zu haben waren und verkauften sie für viel Geld als warme Schmuser. Diese scheinbar warmen und flauschigen Schmuser waren in Wirklichkeit nichts weiter als Plastikschmuser oder Schmuserimitationen und schufen noch mehr Probleme. Sie hinterließen nach ihrem Gebrauch das Gefühl, etwas verpaßt zu haben, machten diejenigen regelrecht süchtig danach, immer wieder und immer mehr davon zu kaufen. Viele starben schließlich, weil sie einfach zuviel Plastikschmuser verbraucht hatten. Über diese Süchtigen regten sich zwar die „normalen" Menschen furchtbar auf, aber sie konnten weder die Plastikschmuser aus der Welt schaffen noch das Bedürfnis danach. Allzuoft passierte es, daß sich zwei Menschen trafen, um warme Schmuser auszutauschen und ein gutes Gefühl zu bekommen, benützten aber dafür Plastikschmuser. Nach den ersten Minuten oder Stunden spürten sie dann, daß ihnen nur ein kaltes, fröstelndes und leeres Gefühl geblieben war, das sie so schnell wie möglich wieder loswerden wollten. Deshalb kauften sie schnell neue und gerieten in einen Kreislauf, aus dem sie alleine niemals herausfinden konnten.

Überhaupt gab es in dieser Zeit viel Verwirrung unter den Menschen. Keiner fand sich mehr so zurecht, wie es früher gewesen war. Und alles nur, weil die Hexe ihnen eingeredet hatte, es gäbe nicht genügend warme Schmuser!

Vor kurzem kam nun eine Frau zu uns, die offensichtlich noch nichts von der Hexe gehört zu haben scheint. Sie sorgt sich überhaupt nicht um ihren Schmuservorrat und verteilt sie so freigiebig, wie niemand sonst, sogar ohne darum gebeten worden zu sein. Man nennt sie die Hippiefrau.

Die Erwachsenen waren anfangs sehr verärgert, gibt doch diese Frau den Kindern die fixe Idee, es gäbe immer genügend Schmuser in ihren Säcken. Die Kinder mögen diese Frau sehr und lernen langsam wieder, daß es immer ausreichend Schmuser geben wird. Doch die Erwachsenen sind schon so verhärtet und festgefahren in ihren Vorstellungen, daß sie die Botschaft der Hippiefrau nicht begreifen. Jetzt wird sogar ein Gesetz erlassen, das den verschwenderischen Gebrauch von Schmusern unter Strafe stellt. Es soll die Kinder davor schützen, ihre Schmuser zu vergeuden.

Zum Glück kümmern sich nicht alle Kinder um dieses Gesetz, und wir können hoffen, daß auch die Erwachsenen sich langsam wieder an die Zeit erinnern, in der sich jeder wohl und liebgehabt fühlte, weil es warme Schmuser in Hülle und Fülle gab.

Werden wir endlich wieder damit beginnen, so viele Schmuser zu verschenken, wie jeder braucht? Fangen wir doch heute schon damit an, sooft wie möglich in unseren Schmusesack zu greifen!

Fellbach, im August 1980 Heinz Körner

(Die Originalfassung dieser Geschichte erschien in dem Buch SCRIPTS PEOPLE LIFE von C. M. Steiner in der Grove Press, New York. Eine Übersetzung davon findet sich in der Zeitschrift „Sensus und Kommunikation“ aus dem Verlag für humanistische Psychologie Werner Flach KG, Frankfurt.)

Alexander J. Müller

Drogen

Fakten, Hintergründe und Perspektiven

1. Begriffserklärung

Der Drogenbegriff

Der Begriff „Droge“ rückt in zunehmendem Maße in das Feld öffentlicher Beachtung. Wurden früher lediglich getrocknete Pflanzen oder deren Teile, aus denen Wirkstoffe zur Herstellung von Arzneimitteln gewonnen wurden, unter diesem Begriff verstanden, so taucht er heute in den Massenmedien meist in Verbindung mit Kriminalität und Außenseitertum auf. Gemeint sind mit Drogen in der Regel jene illegalen Suchtmittel wie Haschisch, LSD, Heroin usw.

Dies läßt oft vergessen, daß der uns interessierende Drogenbegriff weiter zu fassen ist: er umfaßt nämlich genau genommen mindestens all jene Stoffe, die auf das Zentralnervensystem einwirken und dort außergewöhnliche Erlebens- und Bewußtseinszustände auslösen können. Daher bezieht sich der hier verwendete Drogenbegriff zwar vor allem auf die sogenannten illegalen Drogen, schließt aber auch im *weiteren Sinne* die Alltagsdrogen (z. B. Nikotin und Alkohol) und Medikamente mit zentralnervöser Wirkung mit ein.

Dabei soll zur Verdeutlichung des Stellenwertes der Alltagsdrogen nur eine Statistik genannt sein: es hat sich der Anteil der jugendlichen Alkoholabhängigen in den letzten zehn Jahren verdoppelt (1978 gab es in Baden-Württemberg ca. 8000 alkoholabhängige Jugendliche zwischen 14 und 18 Jahren).

Bei den Medikamenten ist der Pro-Kopf-Verbrauch zwischen 1960 und 1978 um 500% gestiegen. Dabei werden in zunehmendem Maße Medikamente mit zentralnervöser Wirkung eingenommen, wodurch körperliche und seelische Befindlichkeiten immer stärker beeinflußbar und manipulierbar geworden sind.

Beziehen wir nun noch die Drogen (oder genauer: die Suchtmittel) im *weitesten Sinne* in unsere Betrachtungen mit ein, so können wir Drogen auffassen als all jene Reizbedingungen (und nicht nur materiellen Stoffe), die zum einen unsere inneren seelischen Prozesse beeinflussen (u. a. bestehend aus Stimmungen, Gefühlen, Wahrnehmungen und Denkprozessen) und zum anderen zur Abhängigkeit führen können.

Diese umfassende Drogendefinition weist darauf hin, daß es bei der Behandlung des vorliegenden Themas im weiteren Sinne nicht nur um die Berücksichtigung jener Stoffe gehen kann, die ein „paar verrückte, langhaarige, arbeitsscheue, junge Aussteiger aus der Gesellschaft“ illegal ihrem Körper zuführen. Es geht also nicht nur um das Problem einer Randgruppe, sondern um eine allgemein verbreitete Gegebenheit, da fast jeder über sein eigenes individuelles Suchtmittel verfügt, seine Droge, deren Mißbrauch nicht selten ist.

Die Auseinandersetzung mit dem Thema Droge sollte also vom Leser über den thematisch engen Rahmen dieses Artikels hinausgehen. Sie sollte sich auch mit der Frage befassen, inwieweit es den „angepaßten“ Mitgliedern der Gesellschaft gelingt, mit ihren „normalen“ Abhängigkeiten und Mißbräuchen (z. B. dem Fernsehen, der Nahrungsaufnahme, der Arbeitswut) angemessen umzugehen.

Auch wenn sich dieser Artikel im weiteren Verlauf vor allem mit der Problematik der *illegalen* Drogen und ihrem Mißbrauch beschäftigt, darf dies also nicht darüber hinwegtäuschen, daß es sich dabei nur um die Betrachtung eines wohlbekannten Sachverhaltes im Extrem handelt. Ähnliches ist in vielerlei Hinsicht in schwächeren Ausprägungen dem „normalen", gesellschaftlich integrierten Menschen sehr wohl geläufig.

Tabelle 1:
Bereiche, von denen man abhängig werden kann.

Lob und Anerkennung, Arbeitswut	Essen, Süßigkeiten	Fernsehen, Hobby, übertriebene Sauberkeit	Alkohol, Medikamente, Nikotin	illegale Drogen
◄				►
sozial unauffällig				sozial auffällig

Wenn allen diesen Verhaltensweisen der unstillbare Wunsch zugrundeliegt, ein bestimmtes Gefühl („feeling") immer wieder wie unter Zwang, herstellen zu müssen, so können wir auch bei den sogenannten normalen, sozial angepaßten und unauffälligen Verhaltensweisen getrost von Abhängigkeiten sprechen.

Abhängigkeit

Werden Drogen regelmäßig mißbraucht, so kommt es normalerweise zur Drogen*abhängigkeit.* Dabei lassen sich körperliche und seelische Abhängigkeit voneinander unterscheiden. Treten beim Absetzen einer Droge körperliche Entzugserscheinungen wie etwa Gliederschmerzen, Herz-/Kreislaufstörungen, Darmstörungen usw. auf, so spricht man von *körperlicher* Abhängigkeit. Sie entsteht, wenn sich durch Drogenmißbrauch der Organismus auf die Droge eingestellt hat. Dabei wird häufig im fortgeschrittenen Stadium der Drogenabhängigkeit beim Auftreten von Entzugserscheinungen erneut die Droge eingenommen, was naheliegenderweise zu einer Vertiefung der Abhängigkeit führt.

Eine körperliche Abhängigkeit beispielsweise von Heroin kann durch eine ein- bis zweiwöchige stationäre medizinische Behandlung abgebaut werden. Allerdings besteht nach diesem körperlichen Entzug die seelische Abhängigkeit vom Rauschmittel weiter. Sie ist so heftig, daß ohne das Ergreifen anderer therapeutischer Maßnahmen nahezu alle (99%) nur körperlich entzogenen Drogenabhängigen rückfällig werden.

Seelische Abhängigkeit drückt sich in seelischen Entzugserscheinungen aus wie z. B. motorischer Unruhe, Gereiztheit, dem Gefühl, keinen klaren Gedanken mehr fassen zu können, Verzweiflung usw. Hierzu kann es kommen, wenn man durch Einnahme der Droge unangenehme Zustände (Schmerzen, Sorgen, Unlustgefühle usw.) „auszuknipsen" gelernt hat, oder wenn man mit

Drogen angenehme Erfahrungen gemacht hat. So glaubt der Drogenabhängige, diese angenehmen Erfahrungen nicht mehr missen zu können und sucht sie ständig zu wiederholen. Mit der Zeit gewöhnt er sich an die spezifischen Wirkungen des Mittels. Wie unter einem inneren Zwang benötigt er immer mehr das durch die Droge ausgelöste Gefühl – er ist seelisch abhängig geworden.

Dabei sind Art und Ausmaß der seelischen Abhängigkeit nicht nur bestimmt durch die Art der verwendeten Droge, sondern auch von der jeweils individuell gearteten Persönlichkeit und ihrem sozialen Lebensraum.

2. Die Drogenentwicklung

Ende der sechziger Jahre waren es vor allem Studenten, die illegale Drogen benutzten; man spricht von der Haschisch- und LSD-Welle der sechziger Jahre.

Mit der Zeit verschob sich der Erstkontakt zu Drogen auf der Altersskala immer weiter nach unten – ein Trend, der bis heute anhält. Neben dem Absinken des Einstiegsalters wurden neben dem anfänglich häufig verwendeten Haschisch auch immer häufiger härtere illegale Drogen mißbraucht. So entstand in den siebziger Jahren die Heroin-Welle.

Heute ist diese Entwicklung keineswegs abgeschlossen. Im Gegenteil – es ist noch mit einer Verschärfung der Problematik zu rechnen. Die beiden genannten Drogenwellen lösten nämlich leider nicht einander ab, sondern sie überlagerten und verstärkten sich gegenseitig. Hinzu kommt die Erwartung einer neuen Welle: Alle Zeichen sprechen dafür, daß „die Kokain-Welle der achtziger Jahre" auf uns zukommen wird.

Mittlerweile ist es „in", über Drogen Bescheid zu wissen und sie auch einmal probiert zu haben. Dabei bleibt der betreffende Personenkreis keineswegs auf studentische Bereiche beschränkt. Vielmehr werden sämtliche gesellschaftliche Schichten von dieser Problematik erfaßt.

Im Gegensatz zur Drogen-Welle der sechziger Jahre, die sich oft durch den Anspruch auf Bewußtseinserweiterung rechtfertigte, zeichnet sich die neuere Drogenentwicklung dadurch aus, daß immer mehr interaktionsverhindernde Drogen an Bedeutung gewinnen. Man versucht, „zu" zu sein, was gleichermaßen für den Gebrauch von Alkohol, Beruhigungsmitteln oder Heroin gilt.

Hand in Hand damit geht eine zunehmende Kommerzialisierung und Kriminalisierung des Drogenmarktes. Die anfänglich öffentliche Drogenszene zieht sich immer weiter zurück in private Bereiche und wird damit sowohl für den Zugriff der Polizei, aber auch für Therapieangebote schwer zugänglich.

3. Drogenkonsum als austauschbares Symptom

Motive

Es gibt viele Gründe, die einen – häufig jungen – Menschen zum Drogenkonsum bewegen können. Untersuchen wir diese Beweggründe, so müssen wir zunächst klar zwischen den Motiven unterscheiden, die zum Probieren (Erstkonsum) führen, und jenen Gründen, die für einen Mißbrauch (den exzessiven Konsum) verantwortlich sind.

Wenn Jugendliche Drogen ausprobieren, so ist das zwar nicht ungefährlich, aber es spiegeln sich häufig in einer solchen Verhaltensweise ganz normale, alterstypische Wünsche und Bedürfnisse wider: Vor allem Neugierde und „In-Sein-Wollen", aber auch Unwissenheit über mögliche Folgen, Prestigebedürfnis, der Wunsch nach außergewöhnlichem Erleben und Abenteuerlust. Dazu kommt der Protest gegen die etablierte Welt und Lebensart der Erwachsenen, die Zugehörigkeit zu bestimmten Gruppen, der Reiz des Verbotenenen, die Verfügbarkeit der Droge und vieles mehr.

Diese ganzen Motive (Neugier, Nachahmung, Gruppenkonformität und Protesthaltung) bewegen sich in der Regel im Rahmen des normalen Entwicklungs- und Identifikationsprozesses, also dem Prozeß der Selbstfindung. Diese Gründe alleine müssen jedoch keineswegs auf eine Fehlhaltung der Person hindeuten.

Betrachtet man im Gegensatz dazu jenen Personenkreis, der zum exzessiven Konsum übergeht oder auf härtere Drogen (etwa Kokain oder Heroin) umsteigt, so ist dies einerseits auf eine durch den Drogenkonsum bedingte Abhängigkeit zurückzuführen. Zum anderen können es aber auch nicht mehr alleine die erwähnten Einstiegsmotive sein, die hinter diesem abweichenden Verhalten stehen. Hier muß nach anderen Gründen gesucht werden, die für diese *erhöhte* Bereitschaft zur Drogeneinnahme sich verantwortlich zeichnen.

Das erhöhte Drogenrisiko

Empirische Untersuchungen haben gezeigt, daß in den Lebensläufen von Drogenabhängigen eine Reihe verschiedener Störfaktoren (auf die ich weiter unten eingehen werde) gehäuft zu finden ist. Dabei handelt es sich aber vielfach um solche Faktoren, die genauso gut zu anderen Persönlichkeits- und Verhaltensstörungen führen können wie z. B. Lern- und Arbeitsstörungen, Depressionen, Kontaktängsten (bzw. der Unfähigkeit, bleibende soziale Kontakte herzustellen und zu erhalten), Selbstmordanfälligkeit, psychosomatische Erkrankungen, Jugendalkoholismus, Kriminalität usw.

Hier zeigt sich, daß Drogenabhängigkeit ein in vielerlei Hinsicht austauschbares Symptom darstellt. Dies bedeutet, daß die eigentliche Gefährdung nicht alleine bei der Droge liegt. Vielmehr müssen wir drei Bestimmungsgrößen berücksichtigen, die für den individuellen Drogenmißbrauch verantwortlich sind, nämlich:

1. Die Droge mit ihrer Verfügbarkeit und ihren spezifischen Wirkungsmechanismen;
2. Die Persönlichkeit des Menschen, der sich für die Droge entscheidet;
3. Der Faktor Umwelt, der den Menschen prägt.

In der Auseinandersetzung von Person und Umwelt kann es zu speziellen Bedürfniskonstellationen kommen (z. B. soziale Spannungen, Unbefriedigtsein, Langeweile), zu deren Lösung Drogen herangezogen werden können, sofern diese verfügbar sind und attraktiv erscheinen.

4. Der Faktor Droge

Wenden wir uns zuerst einmal den Variablen des Faktors Droge zu. Die Wirkungen von Drogen hängen vom Typ des verwendeten Stoffes, von der Größe der Dosis, von der Dauer und der Art der Anwendung ab.

Außerdem werden häufig nicht nur ein bestimmtes, sondern mehrere Rauschmittel abwechselnd oder gleichzeitig genommen (Politoxikomanie). Dabei dienen Alkohol und Medikamente oft als Ausweichmöglichkeit, wenn der gewünschte „Stoff" nicht beschafft werden kann.

Er nimmt Drogen, der Bengel. Damit löst er keine Probleme!

Ich hab' auch meine Probleme . . . nehme ich etwa Drogen?!

Tabelle 2: Drogen und ihre Wirkung (alphabetisch geordnet)

Droge	Anwendung	Wirkung	Mögliche Folgen
Alkohol	Trinken	Rausch, beschwingt bis aggressiv	Körperliche und seelische Abhängigkeit; Delirium tremens; Vergiftungserscheinungen *Langfristig:* Leberschäden; Magenbeschwerden; Nachlassen der Hirnfunktionen
Cannabis Haschisch, Marihuana	Rauchen mit und ohne Tabak (Joint, Pfeife), trinken, essen	Verstärkung der vorhandenen psychischen Stimmung; ,,High"-Sein; Erhöhung der Sensibilität, besonders gegenüber Farben und Tönen	Seelische Abhängigkeit; ,,Flashback" (plötzliches, unberechenbares Wiederauftreten des Rausches ohne erneute Einnahme) möglich *Bei höherer Dosis:* Akute Angstzustände; Halluzinationen *Langfristig:* Emotionales Abstumpfen; Antriebsverlust; Verlust der Konzentration; Realitätsverlust; Neigung zu Depressionen

Halluzinogene LSD, DOM, Mescalin, usw.	Schlucken, Lutschen („trip“)	Verstärkung der psychischen Ausgangsstimmung; starke Wahrnehmungsverzerrung; Halluzinationen; Synästhesien (Meinung, z. B. Farben anfassen oder Töne schmecken zu können)	Starke seelische Abhängigkeit; „Horror-trip“ (Angstpsychose); Echo-Effekt (plötzlicher Rausch ohne erneute Einnahme); Überschätzung der eigenen Fähigkeiten (z. B. Meinung, Fliegen zu können) *Langfristig:* Realitätsverlust; Antriebsverlust; Auslösung latent vorhandener Geisteskrankheiten
Kokain	Schnupfen, Spritzen	Glücksgefühl; Abnahme von Hunger und Müdigkeit; Enthemmung; sexuelle Triebsteigerung; Neigung zu aggressiven Handlungen	Starke seelische Abhängigkeit; Bewußtseinsstörung; Abmagerung *Bei höherer Dosis:* Herzschwäche; Tod *Langfristig:* Selbstmordgefährdung; körperlicher Abbau; schwere Angst- und Verfolgungsideen; starke Neigung zu asozialem Verhalten; Leberschädigung
Nikotin	Rauchen	Stimulierend	Seelische Abhängigkeit; Gewöhnung *Langfristig:* Herz-/Kreislaufschwäche; Krebsgefahr

Droge	Anwendung	Wirkung	Mögliche Folgen
Opiate Opium, Morphium, Heroin, Polamidon, Dolantin	Rauchen (Opium), Spritzen, Schlucken, Schnupfen	Ruhigstellung; Entrücktsein; schmerzstillend; Euphorie; steigende Dosierung zur Erzielung gleichbleibender Wirkung erforderlich; Entzugserscheinungen erfordern Dauerkonsum	Schnelle seelische Abhängigkeit; nach kürzester Dauer auch starke körperliche Abhängigkeit (meistens kein Probierstadium); bei Absetzen der Droge starke Entzugserscheinungen (Angst, Übelkeit, heftige Gliederschmerzen, Schweißausbrüche, Durchfälle usw.) *Bei Überdosis:* Atemlähmung mit Todesfolge *Langfristig:* Völliger körperlicher Verfall; Verwahrlosung; Beschaffungskriminalität; Begleitkrankheiten (Zahnfäule, Gelbsucht, usw.)
Schlaf- und *Beruhigungsmittel*	Schlucken, Spritzen	Dämpfung von Wahrnehmungsfähigkeit und Gefühlen; einschläfernd	Seelische (bei Barbituraten auch starke körperliche) Abhängigkeit; Bewußtseinstrübung; bei Barbituraten Entzugserscheinungen *Bei Überdosis:* Atemlähmung mit Todesfolge *Langfristig:* Körperlicher Verfall; Zunahme von Abgestumpftheit

Schnüffelstoffe Lösungsmittel in Reinigungsmitteln, Klebstoffen usw.	Einatmen	Rauschzustand; Sinnestäuschungen	Seelische Abhängigkeit; Halluzinationen *Bei Überdosis:* Bewußtlosigkeit; Atemlähmung *Langfristig:* Knochemark- und Organschäden
Stimulantien Weck- und Aufputschmedikamente	Schlucken, Spritzen	*Schwache Dosis:* Steigerung des Antriebs *Starke Dosis:* Euphorie; Ekstase *Sehr starke Dosis:* Verlust der Orientierung; Sinnestäuschungen	Seelische Abhängigkeit; Blutdruckkrisen; Psychosen *Langfristig:* Organblutungen; körperlicher Verfall; langanhaltende Depressionen

5. Der Faktor Person

Für eine *körperliche* Veranlagung zur Drogenabhängigkeit lassen sich bisher nur spärliche Hinweise finden. Ergiebiger dagegen scheinen Überlegungen zu den *seelischen* Voraussetzungen zur Suchtpersönlichkeit zu sein.

Der tiefenpsychologische Ansatz geht – stark vereinfacht – davon aus, daß durch eine frühkindliche Entwicklungsstörung die Basis für das spätere Suchtverhalten gebildet wird. Das Kind bleibt an die orale Phase fixiert. Dies ist eine Entwicklungsphase, in der die Triebbefriedigung des Kindes vor allem durch den Mund geschieht. Es kommt dabei zur Unfähigkeit, orale Triebbedürfnisse aufzuschieben. Das Kind lernt nicht ausreichend, mit Enthaltsamkeit und damit verknüpften Enttäuschungen angemessen umzugehen. Die sogenannte Frustrationstoleranz bleibt unterentwickelt. Dies führt dazu, daß diese Unfähigkeit zum Bedürfnisaufschub auch später einen unangemessen großen Raum in der Befriedigung allgemeiner Bedürfnisse beim Erwachsenen einnimmt.

Der lerntheoretische Ansatz dagegen nimmt an, daß das Verhalten von Drogenkonsumenten durch die angenehmen Erfahrungen gesteuert wird, die zunächst mit dem Drogenkonsum einhergehen. Diese angenehmen Konsequenzen können anfangs in der Reduzierung von Hemmungen, von Streßerleben oder Problemwahrnehmungen bestehen. Später können die angenehmen Konsequenzen darin bestehen, daß unangenehme Empfindungen durch Drogenkonsum verhindert werden können, wie sie etwa durch körperlichen und seelischen Entzug bei Absetzen der Droge auftreten können. Dabei wirken die kurzfristigen, angenehmen Konsequenzen (Entlastung, Schmerzreduzierung usw.) stärker als die langfristigen (gesundheitlichen, sozialen) schädlichen Folgen.

Das Erlernen von Drogenkonsum wird allerdings nicht nur durch „Erfolg" reguliert, sondern orientiert sich auch sehr stark am Lernen vom Vorbild. Es werden andere Drogenkonsumenten beobachtet und nachgeahmt.

In der Folge kommt es zur Ausbildung sogenannter Auslösereize. Dies sind spezifische Merkmale jener Konstellationen, in denen Drogenkonsum stattgefunden hat (spezifische Cliquen, ein bestimmtes Musikstück, bestimmte Räumlichkeiten usw.). Diese Konstellationen können mit der Zeit alleine durch ihre Präsenz Anlaß zur Einnahme von Drogen sein, indem sie für den Betreffenden einen starken Aufforderungswert für drogenorientiertes Verhalten besitzen (wie es etwa für einen Alkoholiker der Anblick einer vollen Weinflasche sein kann).

Seriöse Therapieeinrichtungen bedienen sich auch immer mehr dieses Wissens, indem sie die Drogenabhängigen von diesen Auslösereizen fernzuhalten suchen. Das bedeutet, daß jeglicher Kontakt zur Drogenszene untersagt wird, aber auch alle möglichen Attribute der Drogenszene wie das Aussehen (Haartracht, Kleidung usw.), die Kultur (Musik, Sprache) usw. durch neue, andere Inhalte und Formen ausgetauscht werden.

6. Der Faktor Umwelt

Wenn wir fragen, warum sich eine Person für oder gegen die Einnahme von Drogen entscheidet, so müssen wir erkennen, daß eine solche Entscheidung in erheblichem Maße von der Umwelt beeinflußt wird. Dabei wirkt dieser soziale Lebensraum zum einen prägend auf die Entwicklung von Persönlichkeit und Verhaltensrepertoire. Zum anderen läßt er auch bestimmte Einstellungen und Bedürfnisse im Menschen wachsen und legt ihm ganz spezifische und dem jeweiligen Kultur- und Subkulturkreis eigene „Lebensphilosophien“ nahe.

Gesellschaftliche Gegebenheiten

Betrachten wir nun zuerst unsere historische Situation: Sie läßt die momentan bestehende starke Orientierung am Materiellen verstehen als Nachholbedürfnis, welches für die Eltern der jetzigen Drogengeneration nach Zeiten der durch Kriege und Inflationen bedingten Entbehrungen verständlich wird. Diese über das notwendige Maß hinausgehende Sucht nach materieller Befriedigung, welche nicht zuletzt durch die Marktwirtschaft gesteuert und aufgeheizt wurde, führte – vereinfacht gesprochen – zu der Formel: Lebenserfüllung = Erwerb von materiellen Statussymbolen. Mit dieser Hinwendung zum Materiellen gingen uns wichtige Anteile des Seelischen verloren. Zwischenmenschliche Beziehungen, Gefühle und Geistiges verarmten.

Nachdem nun aber diese „materiellen Fetische“ für die neue Generation an Attraktivität zu verlieren beginnen, sogar mehr und mehr abgelehnt werden, wird das Fehlen von Seelischem als empfindliche Lücke erlebt.

Parallel zu dieser Entwicklung änderte sich das menschliche Selbstverständnis. Der Mensch mußte funktionstüchtig bleiben, um sich zu qualifizieren. Diese spezifische Funktionstüchtigkeit im Sinne materieller Produktivität kann im Falle einer „Störung“ – zumindest scheinbar – durch Einnahme von Drogen (Alkohol zur Entspannung, Zigaretten gegen Nervosität, Medikamente als Doping) wiederhergestellt werden. Der Mensch versteht sich gleichsam als Apparat, der „repariert“ werden muß, wenn er defekt ist, d. h. nicht die geforderte (Höchst-)Leistung erbringt.

Das Schlagwort „Schule als Lernfabrik“ gehört ebenfalls hierher. Wissensanhäufung für eine spätere berufliche Funktionstüchtigkeit verdrängt immer mehr den persönlichkeitsbildenden Auftrag der Schule.

Auch der aufkommende Funktionalismus z. B. im Städte- und Wohnungsbau gehört zu jenen Faktoren, die sich negativ auf die Persönlichkeitsentwicklung ihrer Benutzer auswirken.

Einstellung zu Drogen

Dieser eher allgemeinen gesamtgesellschaftlichen Situation gegenüber stehen die typischen Konsumgewohnheiten unseres Kulturkreises, in denen allgemeine Einstellungen zu Drogen ihren Ausdruck finden. So läßt sich am Beispiel Alkohol zeigen, wie diese Droge vollständig in unseren Alltag integriert ist. Dieser Stoff wird verwendet, um angenehme Gefühle zu erzeugen und Hemmungen zu lösen. Dabei wird – mehr oder weniger bewußt – in Kauf genommen, daß für viele der Genuß dieser Alltagsdroge zur seelischen und körperlichen Abhängigkeit führt. So rechnet man heute mit bis zu 1,8 Millionen alkoholkranken Menschen, die in der BRD leben.

Auch die Verwendung leistungssteigernder Mittel bis hinab ins Grundschulalter ist ein Hinweis auf die allgemein bestehende Einstellung gegenüber Drogen.

An der Forcierung dieser Einstellung wird mit Hilfe der Werbung gearbeitet: Ausgeklügelte Werbestrategien zielen darauf ab, einerseits die allgemeine Konsumbereitschaft zu erhöhen, andererseits für den Absatz spezifischer Erzeugnisse (vor allem Tabak, Alkohol, Medikamente) zu sorgen. Dabei wird in der Regel vorgetäuscht, daß das Weniger an alltäglichen Erlebnismöglichkeiten durch ein Mehr an Konsum ausgeglichen werden könne.

Verfügbarkeit

Eine weitere wichtige Umweltvariable für Drogenkonsum ist die Verfügbarkeit von Drogen. Die Leichtigkeit, mit der Alltagsdrogen auch für Kinder erhältlich sind, liegt auf der Hand. Aber auch die Versorgung mit illegalen Drogen über den Drogenmarkt stellt in der Regel keine Schwierigkeit dar. Daran werden voraussichtlich auch die kriminologischen und gesetzgeberischen Aktivitäten in nächster Zukunft nichts Wesentliches ändern können.

Bezugsgruppe

Einen besonderen Einfluß auf das Ausmaß an Drogengefährdung stellt die Bezugsgruppe dar, die in der Freizeit aufgesucht wird. Dies ist meist eine Gruppe von Gleichaltrigen.

Betrachten wir einmal die Situation des Heranwachsenden. Er löst sich immer stärker von der Familie ab, er will seinen eigenen Lebensstil, seine eigene Persönlichkeit suchen. Dabei orientiert er sich zunehmend an Gleichaltrigen. Er erlebt bei ihnen die Solidarität einer Gruppe, die in der gleichen Situation steht wie er, die ähnliche Probleme und Schwierigkeiten, aber zu einem großen Teil wohl auch ähnliche Interessen und Bedürfnisse hat.

Er erlebt in dieser Gruppe auch bestimmte Normen und Wertsetzungen. Deren Anerkennung gibt ihm nicht nur Sicherheit, sondern verleiht ihm in diesem Kreis auch einen bestimmten Status, auf den er ja in der Kultur der Erwachsenen in seiner jetzigen Entwicklungsphase verzichten muß. Es ist ihm daher meist wichtig, sich an die Verhaltensstandards der jeweiligen Gruppe anzupassen, was Haartracht, Kleidung, Sprachgewohnheiten, Verhaltensstil usw. anbetrifft. Er versucht, durch diese

Orientierung an der Gruppe seinen eigenen Standpunkt im sozialen Raum zu finden.

In dieser schwierigen und störanfälligen Entwicklungsphase der Selbstfindung kann es bei Jugendlichen, die in der Vergangenheit keine ausreichenden Abwehr-, Anpassungs- oder Ausweichstrategien erwerben konnten, zu einer Orientierungsstörung kommen: Aus den unterschiedlichen Erwartungen und Ansprüchen der Umwelt an sie einerseits und ihren eigenen zum Teil noch schwer steuerbaren Bedürfnissen andererseits entsteht ein Konflikt, der sich so verschärfen kann, daß sie aus ihren sozialen Bindungen aussteigen. Dieses Aussteigen kann unterschiedlich in Erscheinung treten: Ich möchte hier nicht nur an zahlreiche Schulabbrecher, sondern auch an Personen mit Depressionen und neurotischen Störungen erinnern; auch an immer häufiger werdende Selbstmordversuche unter Jugendlichen, die unter Leistungs- und Anpassungsdruck ihre Situation nicht mehr überblicken und ihre innere Balance nicht mehr finden.

Hier in der Gruppe jedoch können nun neue Werte und Verhaltensmuster gelernt werden. Um die Vorteile der Gruppe (z. B. Geborgenheit und Status) in Anspruch nehmen zu können, muß das Gruppenmitglied sich an das vorgegebene Reglement anpassen, das je nach Gruppe unterschiedlich geartet ist. So haben kirchliche, sportliche, musisch orientierte oder Rockergruppen unterschiedliche Gruppenregeln. Der Neuling lernt, wenn er Kontakt zu einer Gruppe findet, in der Drogen genommen werden, wie er sich in dem für ihn neuen Erfahrungsbereich zu verhalten hat. Er erlernt den Jargon, bestimmte Konsumrituale, den Umgang mit Drogen, aber auch Rechtfertigungstechniken. Sie helfen ihm, sich gegenüber Einflüssen von außen zu stabilisieren und ihm die Akzeptierung der Gruppenregeln zu erleichtern, indem etwaige Bedenken ausgeräumt, Ängste abgebaut werden usw.

Ist die Beziehung zu einer solchen Gruppe hergestellt, so kann die „Ansteckung" des Neulings sich vollziehen. In einer *ersten Phase* entwickelt sich bei ihm eine allgemeine Bereitschaft zum Probieren der Droge. Dabei wirkt das allgemeine Konsumklima in der Gruppe, die Diskussion im Kreise Gleichaltriger und das Miterleben der tatsächlichen Drogeneinnahme anderer Mitglieder auf die Neugier. In dieser Phase werden in der Regel Angebote zum Mitmachen ein- oder mehrmals abgelehnt. Der Neugierige lernt von anderen Gruppenmitgliedern, wie diese ihre Hemmungen überwinden und welche Rechtfertigungen diese verwenden (z. B.: „Es ist doch gar nicht gefährlich, schau mich doch an, ich lebe doch auch noch." Oder: „Das Rauscherleben kann man nur selbst erfahren, man kann es nicht mitteilen. Deshalb mußt du es selbst versuchen.").

Ist beim Neuling eine gewisse Bereitschaft vorhanden, kann es in der *zweiten Phase* zum Probieren der Droge kommen. Dies geschieht meist durch inneren Druck (Neugier, Langeweile, Wunsch nach Problembewältigung usw.) oder durch Gruppendruck bzw. den Wunsch, sein soziales Image zu erhöhen. Dabei wird die erste Droge meist von Freunden oder Bekannten angeboten. Die Gruppe vermittelt überdies das Know-how im Umgang mit der Droge, aber auch wie mit möglichen Mißerfolgen (Übelkeit, Empfindungslosigkeit usw.) umgegangen werden kann. Der Neuling steht in dieser Phase vor der Alternative, entweder mitzumachen oder wieder aus der Gruppe auszusteigen.

Der Vollständigkeit halber soll hier noch der weitere Verlauf einer „normalen" Drogenkarriere skizziert werden:

Mit dem Probieren der Droge wird eine wichtige Angstbarriere überschritten. So beginnen dem Neuling in der *dritten Phase* die Rauscherlebnisse etwas zu bedeuten, sie scheinen ihm neue Erlebnismöglichkeiten zu eröffnen.

Er verwendet häufiger und regelmäßiger Drogen, sie erlangen für ihn immer größere Wichtigkeit. In dieser *vierten Phase* können die ersten seelischen Störungen auftreten wie Konzentrations- und Leistungsstörungen, aber auch eine zunehmende Verminderung des Realitätsbewußtseins. Hier benötigt er nun schon häufiger den Stoff, um mit Belastungen und Problemen fertig zu werden.

Die folgende *fünfte Phase* zeichnet sich dadurch aus, daß der Betroffene fixt, also seine Drogen intravenös spritzt. Gleichzeitig ist er oft auch auf den Gebrauch harter Drogen umgestiegen, weil die weicheren Einstiegsdrogen ihre Wirkung verloren haben.

In der daraus erwachsenden *sechsten Phase,* dem Junkie-Stadium, nimmt die Bedeutung der Frage, wie die Droge beschafft und am besten konsumiert werden kann, den zentralen Platz im Leben und Denken des Abhängigen ein. Die Bemühungen drehen sich nur noch um die Beschaffung des notwendigen Geldes zum Drogeneinkauf. Hierzu benötigt der Abhängige *täglich* zwischen DM 200,– und DM 350,–. Eine hohe Kriminalisierung ist die Folge: Es kommt zu Einbrüchen, Diebstählen, Raubüberfällen, dem Handel („dealen") mit Drogen, usw. Auch Prostitution von Frauen und Männern ist häufig notwendig, um die enormen Geldsummen aufbringen zu können. Die sozialen Kontakte konzentrieren sich immer ausschließlicher auf den Personenkreis der Drogenszene.

In diesem Stadium geht es dem Abhängigen längst nicht mehr um die Erzielung angenehmer Empfindungen, sondern vielmehr darum, den Entzug mit allen seinen Beschwerden zu vermeiden. Aus dem Fixer ist der Junkie geworden, der aus seinen sozialen Bindungen wie Schule, Beruf, Familie und Freundschaften aussteigt. Oft findet sich hier tiefe Resignation: Häufig sind Entzugsbehandlungen erfolglos verlaufen, so daß der Betroffene die Hoffnung aufgegeben hat, daß ihm noch geholfen werden könne.

Familie

Kehren wir zur Betrachtung unserer Umweltfaktoren zurück. Die Familie stellt bei der Betrachtung möglicher Risikovariablen für Drogenabhängigkeit den wohl wichtigsten Faktor dar. Sie ist es, die auf die Entwicklung von Einstellungen, Verhaltensmustern und Persönlichkeit in der Regel den stärksten Einfluß nimmt.

So weisen viele Lebensläufe von Drogenabhängigen auf eine gestörte Familienstruktur hin. Häufig findet man sogenannte „broken-home-Situationen“, d. h. die Betroffenen wuchsen in defekten Verhältnissen auf, so etwa im Heim oder bei Verwandten, auch Trennung oder Tod der Eltern waren häufig. Diese Defekte in der Familienstruktur führen zum Ausbleiben des für die kindliche Entwicklung wichtigen Gefühls der Geborgenheit.

Aber auch die eigene Drogenabhängigkeit der Eltern (z. B. von Alkohol) vergrößert das Drogenrisiko der Kinder. Überhaupt stellen Eltern mit ihren Verhaltensweisen häufig ein mehr oder minder förderliches Modell für die Kinder dar. Drogenkonsum wird häufig vorgelebt und von den Kindern nachgeahmt. Wo zu Hause stark geraucht, regelmäßig und viel Alkohol getrunken und bei jeder Gelegenheit zu Arzneimitteln gegriffen wird, dort wird bei den Heranwachsenden eine natürliche Hemmschwelle abgebaut. Kinder gehen davon aus: Was Eltern tun ist richtig. „Wenn die Mutter raucht, der Vater vor dem Fernseher abends ein Bier nach dem anderen trinkt, und die Tante bei jeder Kleinigkeit Medikamente einnimmt, dann kann und darf ich das auch tun.“

Einen besonders starken Einfluß auf die Persönlichkeitsentwicklung und das Drogenrisiko stellt das Erziehungsverhalten der nächsten Bezugspersonen, normalerweise der Eltern, dar. Die Entstehung einer späteren Abhängigkeit oder sonstiger psychischer Störungen wird begünstigt durch eine den kindlichen Bedürfnissen nicht gerecht werdende Erziehung.

Dabei wirkt sich eine harte und für das Kind lieblos erscheinende Erziehung negativ aus. Das Kind erfährt zu wenig Liebe, Zuneigung und Geborgenheit. Es bleibt in seinen ursprünglichen Bedürfnissen unbefriedigt und somit emotional und sozial unterentwickelt.

Aber auch jene Kinder sind besonders anfällig gegenüber negativen Einflüssen, die ausgesprochen verwöhnt werden bzw. in ihrer frühen Entwicklung keine wesentlichen Grenzsetzungen erfahren. Diese Kinder bleiben unselbständig, unerfahren mit der oft harten Realität, was dazu führt, daß sie jede spätere Anforderung als Zumutung und Überforderung erleben. Sie erwerben in ihrer Kindheit ein für die Lebensbewältigung nur unzureichendes Verhaltensrepertoire. Kommt es dann später für solche Menschen in der Auseinandersetzung mit der Realität zu Enttäuschungen, so vermittelt ihnen die Droge zumindest für kurze Zeit das Gefühl, Angenehmes genießen zu können und Problematisches damit beiseite zu schieben.

7. Vorbeugende Maßnahmen

Es muß bei vorbeugenden Maßnahmen darum gehen, möglichst frühzeitig zu vermitteln, welche Drogen es gibt, welche Funktionen sie haben und welche Gefahren sich dahinter verbergen. Dabei ist es notwendig, daß neben den Kindern auch die Eltern über die Drogeneffekte informiert werden und bezüglich ihrer eigenen Rolle als Vorbild sensibilisiert werden.

Im schulischen Bereich erscheint es sinnvoll, mit einem allgemeingehaltenen Drogenunterricht bereits ab dem sechsten Schuljahr zu beginnen. Dem liegt die Überlegung zugrunde, daß es leichter ist, bestehende positive Einstellungen zur Gesundheit zu stabilisieren, anstatt bereits verlernte gesundheitsorientierte Einstellungen neu aufzubauen. Dieser Drogenunterricht soll *vor* dem ersten Drogenkontakt stattfinden und gegen Drogenmißbrauch immunisieren helfen. Hier sollen spezifische gesundheitsorientierte Einstellungen gegenüber Drogen erarbeitet und stabilisiert werden. Später, etwa im neunten bis zehnten Schuljahr, sollte daran gearbeitet werden, geeignete Maßnahmen zu finden, mittels derer man das Sozialprestige von Nichtkonsumenten aufwerten kann.

Auch die Drogenberatungsstellen haben hier ihre wichtigen präventiven Aufgaben: Nicht nur die Vermittlung von Ärzten, Rechtshilfe, Therapieplätzen und die Motivierung zur Therapie gehören zu ihren Aufgaben, sondern auch die Aufklärung und Beratung ihrer Klienten, meist gefährdete Jugendliche und Probierer oder deren nähere Bezugspersonen, die häufig nach ersten Drogenkontakten die Drogenberatungsstelle aufsuchen. Zur Aufgabe dieser Stelle gehören also Information, Aufklärung, Beratung, aber auch Öffentlichkeitsarbeit und Dokumentation.

Dies alles sind – kurz angerissen – präventive Bereiche, die sich direkt *um* die Droge gruppieren.

Da es sich aber bei Drogenkonsum häufig – wie gezeigt wurde – um ein austauschbares Symptom am Ende einer gestörten Persönlichkeits- bzw. Verhaltensentwicklung handelt, muß sich Vorbeugung natürlich auch auf all jene Bereiche erstrecken, die direkt oder indirekt an der Entwicklung der Persönlichkeit beteiligt sind.

Kein anderes soziales Gebilde enthält Reifungsanregungen und -herausforderungen in dieser Vielfalt und Dichte wie die Familie. Deshalb muß sich Prävention auf die pädagogische Förderung der Eltern konzentrieren. Hier könnte an Erziehungsunterricht gedacht werden, an Schulen und Elternschulen, Kurse zu speziellen Erziehungsfragen usw.

Weiterhin muß den Eltern Hilfe in Krisensituationen gewährt werden, z. B. durch den weiteren Ausbau psychologischer Beratungsstellen. Diese Hilfen sollen die Verwirklichung von Erziehungszielen unterstützen, wie da sind: Eigenverantwortlichkeit, Selbständigkeit im Denken und Handeln, Selbstvertrauen und Stabilität, Initiative, Aktivität und Erlebnisfähigkeit der Heranwachsenden. Die Realisierung dieser Erziehungsziele reduziert das Drogenrisiko!

In den Bereichen Schule und Ausbildung benötigen wir eine Neuakzentuierung der Lernziele: Neben der bisherigen Überbetonung der reinen Wissensvermittlung müssen persönlichkeitsbildende Lerninhalte vermehrt angeregt werden.

Insgesamt sollte also darauf hingewirkt werden, daß sich die Persönlichkeitsstrukturen unserer Kinder stabilisieren können. Aber auch bestehende Einstellungen müssen dahingehend geändert werden, daß eine veränderte Grundhaltung gegenüber Drogen, und zwar im weitesten Sinne, sich entwickelt, aufgrund der es abgelehnt wird, Konflikte, Probleme und persönliche Unpäßlichkeiten mit Hilfe von Drogen jeder Art zu bewältigen.

Kristiane
Allert-Wybranietz

Sucht

Vier Gedichte

DROGENSUCHT
HABSUCHT
EIFERSUCHT
HERRSCHSUCHT
GELTUNGSSUCHT
ESSUCHT
NIKOTINSUCHT
VERGNÜGUNGSSUCHT
s e h n s u c h t

JUNKIE
(zu vielen gewidmet)

Deine Arme
sind schon lang zerstochen,
deine Füße
sehen schlimm aus.
Deine Augen
sind leer, Junkie.

Und jetzt
bedauern oder beschimpfen
dich kopfschüttelnd die,
die nicht unschuldig
daran sind,
daß lange vor deinen
Armen und Füßen
dein Herz
zerstochen wurde.

SÄUFER
(zu vielen gewidmet)

Draußen
schreit einer rum
in der Nacht.
Diese Stimme
klingt nach Alkohol,
Aggression und Sehnsucht.

Die ihn hören,
regen sich auf,
in ihren vier Wänden,
in ihren Betten
und
schütteln die Köpfe.

Warum schreit er wohl?
Dieser eine.

WAS MAN SO SAGT

*Als sie lachte,
sagte man ihr, sie sei kindisch.
Also machte sie fortan ein ernstes Gesicht.
Das Kind in ihr blieb,
aber es durfte nicht mehr lachen.*

*Als sie liebte,
sagte man ihr, sie sei zu romantisch.
Also lernte sie, sich realistischer zu zeigen.
Und verdrängte
so manche Liebe.*

*Als sie reden wollte,
sagte man ihr, darüber spreche man nicht.
Also lernte sie zu schweigen.
Die Fragen, die in ihr brannten,
blieben ohne Antwort.*

*Als sie weinte,
sagte man ihr, sie sei einfach zu weich.
Also lernte sie, die Tränen zu unterdrücken.
Sie weinte zwar nicht mehr,
doch hart wurde sie nicht.*

*Als sie schrie,
sagte man ihr, sie sei hysterisch.
Also lernte sie, nur noch zu schreien,
wenn niemand es hören konnte,
oder sie schrie lautlos in sich hinein.*

Als sie zu trinken begann,
sagte man ihr, das löse ihre Probleme nicht.
Sie solle eine Entziehungskur machen.
Es war ihr egal, weil ihr
schon so viel entzogen worden war.

Als sie wieder draußen war,
sagte man, sie könne jetzt von vorn anfangen.
Also tat sie, als begänne sie ein neues Leben.
Aber wirklich leben konnte sie nicht mehr,
sie hatte es verlernt.

Als sie ein Jahr später
sich versteckt zu Tode gefixt hatte,
sagte man gar nichts mehr.
Und jeder für sich versuchte,
leise das Unbehagen mit den Blumen
ins Grab zu werfen.

Gerhard Edel

Hartmut Kopp

Biographie eines Fixers

Die folgende Biographie basiert auf Angaben der Mutter und auf meinen Erlebnissen und Beobachtungen als Betreuer von Hartmut Kopp. Selbstverständlich wurden die Namen der Beteiligten geändert.

„Als ich diese Bilder malte, habe ich immer geweint", sagte Hartmut Kopp zu seiner Mutter, als er ihr einmal seine Bilder zeigte. Er sagte nie viel; es fiel ihm nicht leicht, sich mündlich zu äußern. Dafür besaß er die Gabe, seine innersten Gefühle und Regungen durch Zeichnen und Malen auszudrücken. Die dabei entstandenen Bilder sind so interessant, daß man sie immer wieder aufs neue fasziniert betrachten kann.

Die Veröffentlichung einiger seiner Bilder und ihre kurze psychologische Betrachtung wurden ebenso wie die Beschreibung seines Lebenslaufes ausdrücklich von seiner Mutter genehmigt. Sie verbindet damit den Wunsch, diese Zeilen mögen von Betroffenen und Gefährdeten gelesen werden, um sie vor dem bitteren Ende als Fixer zu bewahren und vor der immensen Gefahr des Drogenmißbrauchs zu warnen.

An dieser Stelle möchte ich Frau Kopp meinen Dank für ihre Bereitschaft zur Mitarbeit aussprechen und mit ihr hoffen, daß dieser Wunsch erfüllt wird.

Im Alter von dreißig Jahren wurde Frau Kopp mit Hartmut schwanger. Das Kind war nicht erwünscht. Die Schwangerschaft war dann auch der Grund für die Eheschließung im Jahre 1952 mit Hartmuts Vater. „Jetzt ist es passiert, das Kind kann nichts dafür, es muß jetzt durchgestanden werden“ – das waren die Gedanken von Frau Kopp.

Am 30.10.1952 kam Hartmut Kopp zur Welt. Die Beziehung zwischen Frau Kopp und ihrem Mann kühlte sich mehr und mehr ab. Frau Kopp gewann diesem Zustand auch eine positive Seite ab: Ihr Mann war sexuell nicht so fordernd, was ihr sehr entgegen kam.

Vor der Eheschließung war Herr Kopp schon inhaftiert gewesen. Wegen mehrerer Diebstähle, die er nach seiner Eheschließung beging, kam er zweimal ins Gefängnis. Im übrigen hatte er noch eine nichteheliche Tochter, die ein Jahr vor Hartmut geboren wurde.

Die ganzen vier Ehejahre bis zur Scheidung hat Frau Kopp mit Hartmut und ihrem Mann bei seinen Eltern in deren Drei-Zimmer-Wohnung gewohnt. Ihnen stand dort das dritte Zimmer zur Verfügung. In diesem Zimmer konnten gerade noch die elterlichen Betten, ein Schrank und Hartmuts Kinderbett untergebracht werden.

Da Herr Kopp nur selten arbeitete und Frau Kopp deshalb sehr wenig Geld zur Verfügung stand, mußte sie häufig hungern und wog zeitweise nur 43 kg. Oft wußte sie nicht, wo sie etwas zu essen herbekommen sollte. Von ihren Schwiegereltern wurde Frau Kopp überhaupt nicht unterstützt. Als sie einmal mit Hartmut spazieren ging und kurz darauf wieder nach Hause kam, saß ihr

Mann vor einem vollen Teller, den ihm seine Mutter hergerichtet hatte. Diese überraschende Rückkehr brachte ihre Schwiegermutter in eine sehr peinliche Situation. Sie hatte auch dieses Mal, wie schon sooft, alles nur ihrem Sohn zukommen lassen, ohne an Schwiegertochter und Enkel zu denken.

Die Beziehung zwischen Hartmut und seinem Vater war von Anfang an gestört. Hartmut hatte große Angst vor ihm.

Herr Kopp kam nachts oft betrunken nach Hause. Seine Eltern hatten schon vorsorglich ihre eigene Schlafzimmertüre mit einem Schrank verbarrikadiert! Frau Kopp war deshalb alleine mit dem Baby ihrem rabiaten Ehemann ausgesetzt; Hilfe konnte sie keine erwarten. Wenn Herr Kopp zu sehr randalierte, alarmierten Nachbarn die Polizei, die des öfteren kommen mußte.

In solchen Situationen schlug er meistens die Türe des dritten Zimmers mit solcher Wucht und so lange gegen das dahinterstehende Kinderbett, bis der Junge erschrocken aufwachte und fürchterlich zu schreien begann. Ganz schlimm war es in einer Nacht, an die sich Hartmuts Mutter besonders erinnert: Herr Kopp kam betrunken nach Hause und stieß die Türe so lange an das Kinderbett, bis der einjährige Junge aufwachte. Er ließ seine Hand mit einem großen Küchenmesser vor dem Gesicht des total verängstigten Kindes kreisen und schrie es dabei mehrfach an: „Heute nacht krepiert deine Alte." Hartmut hielt währenddessen seine Händchen schützend über das Gesicht, gelähmt vor Schreck, nicht einmal mehr fähig zu schreien. Frau Kopp reagierte des Kindes wegen sehr besonnen. Obwohl sie in diesem Augenblick ihren Mann hätte umbringen können, redete sie beruhigend auf ihn ein, lockte ihn vom Kinderbett weg, bis er sich schließlich ins Bett legte und schnell einschlief. Erst dann fing Hartmut fürchterlich zu brüllen an. Die Mutter versuchte ihr Kind zu beruhigen, damit ihr Mann nicht wieder aufwacht.

Frau Kopp war es schließlich leid, immer wieder zu hungern und um Geld betteln zu müssen. Sie beschloß, sich nach einer Arbeit umzusehen und bat deshalb die Caritasbezirksstelle um Vermittlung einer Pflegestelle.

Als die Schwester von Herrn Kopp davon erfuhr, wurde sie sehr böse. Sie verlangte von ihrer Mutter, Hartmut tagsüber zu versorgen, wenn dessen Vater schon nicht für seine Familie sorge. Hartmut wurde deshalb mehr als zwei Jahre von seinen Großeltern (väterlicherseits) versorgt, bis seine Eltern sich scheiden ließen. Frau Kopp schildert die Beziehung zwischen der Großmutter (väterlicherseits) und Hartmut als nicht gut: ,,Sie hat es nicht besonders gern gemacht.“ Der Großvater war ein alter Mann und hatte zu Hause nichts zu sagen. Er verstand sich gut mit Hartmut.

Frau Kopp hatte inzwischen eine Akkordarbeit gefunden, mußte morgens um 6 Uhr das Haus verlassen und kam abends um 18 Uhr wieder nach Hause. Hartmut war damals zwei Jahre alt – es war Winter – als seine Mutter ziemlich abgeschafft von der langen Akkordarbeit nach Hause kam und, wie immer an den kalten Winterabenden, als erstes Feuer machte. Herr Kopp hatte nichts Besseres zu tun, als in angetrunkenem Zustand kaltes Wasser in den Ofen zu schütten, um das schon lodernde Feuer wieder zu löschen. Frau Kopp überraschte ihn dabei und machte ihm Vorwürfe. Trotzdem stritt er es ab, holte die Winterstiefel seiner Frau und warf sie ihr mit voller Wucht in den Rücken. „Was machst du da, was soll das", konnte sie ihn noch anbrüllen, ehe er sie grinsend an die Wand drückte und würgte. In ihrer Angst und Verzweiflung schlug sie ihm in den Magen. Daraufhin ließ er von ihr ab. Hartmut stand während der ganzen Auseinandersetzung ängstlich daneben und schaute zu.

Nach diesem Vorfall holte Frau Kopp sich Formulare zur Beantragung des Armenrechts für die Scheidung. Als Herr Kopp diese zu Hause entdeckte, zerriß er sie. Er merkte allerdings, daß seine Frau bereit war, Konsequenzen aus der gescheiterten Ehe zu ziehen. Daraufhin begann er plötzlich regelmäßig zu arbeiten. Er lieferte seine Lohn zu Hause ab, und es wurde abends gemeinsam gegessen.

Nach dem Essen saßen sie noch beieinander, plauderten und schmiedeten vor allem schon Pläne, wie man baldmöglichst eine eigene Wohnung findet und sie nett einrichtet, um nicht mehr auf die Eltern angewiesen zu sein. Frau Kopp hatte wieder Hoffnung geschöpft und an einen Neubeginn geglaubt. Die Enttäuschung war groß, als diese harmonische Phase nach etwa zwei bis drei Monaten zu Ende ging. In dieser Zeit wurde sie schwanger. Für ihren Mann war dies der Anlaß, das alte Leben wieder zu beginnen. Er sprach es auch ganz offen aus: Sie könne ihn ja nun mit zwei Kindern nicht mehr verlassen. Er gab seine Arbeitsstelle wieder auf, woraufhin die alten Sorgen und Streitereien von vorne begannen.

Die Schwangerschaft entpuppte sich als Bauchhöhlenschwangerschaft, weshalb Frau Kopp dringend operiert werden mußte. Schließlich sah sie keine andere Möglichkeit mehr, als die Scheidung einzureichen. 1956 wurde sie schuldlos geschieden und im Anschluß daran wurde ihr die elterliche Gewalt über ihren Sohn zugesprochen. Hartmut war zum Zeitpunkt der Scheidung vier Jahre alt.

Nach der Scheidung lebte Frau Kopp etwa drei bis vier Monate in einer Ein-Zimmer-Wohnung, wo sie weder kochen noch waschen durfte. Hartmut war zu dieser Zeit die Woche über in Pflege bei einer Familie S. (bis zu seinem achten Lebensjahr). Mittwochs wurde er dort von seiner Mutter besucht, und jeden Freitagabend holte sie ihn nach Hause. Als sie ein einziges Mal am Mittwoch nicht zu Besuch kam, geriet Hartmut prompt in Panik: „Meine Mama wird doch nicht gestorben sein?"

Familie S. hatte noch zwei eigene Kinder im Alter von drei Jahren bzw. sechs Monaten. Diese fielen ihrem Vater bei dessen allabendlicher Heimkehr zur Begrüßung um den Hals, was Hartmut nach einiger Zeit auch tun wollte. Doch Herr S. schob ihn einfach zur Seite.

Erst im Alter von 26 Jahren erzählte Hartmut einem Freund, daß er Herrn S. hasse, weil er von ihm einmal gezwungen worden sei, angebrannten Brei zu essen. Die eigenen Kinder von Herr S. hätten diesen Brei nicht essen müssen.

Frau Kopp zog dann für drei bis vier Monate in eine Gaststätte. Sie konnte dort nicht einmal ihr Zimmer beheizen und mußte sich deshalb mit Hartmut an Wochenenden mit Mütze, Schal und Anorak bekleidet im kalten Zimmer aufhalten. Ihr Sohn konnte wenigstens hin und wieder die Finger an einem kleinen Kocher aufwärmen.

Sonntags aßen sie dann im Lokal ein verbilligtes Essen und verbrachten viele Sonntagnachmittage gemeinsam in einem kleinen Cafe, um sich aufzuwärmen.

Ende 1956 bezog Frau Kopp eine Ein-Zimmer-Wohnung unterm Dach eines abbruchreifen Hauses. Außer ihr wohnte dort nur noch die Hausbesitzerin, eine „alte, fromme Jungfer". Es regnete durchs Dach und vor der Wohnungstüre liefen Ratten umher.

Die Hausbesitzerin erlaubte Frau Kopp nicht, ihren Sohn an den Wochenenden mit nach Hause zu nehmen. Außerdem durfte sie weder eine Klingel noch einen Briefkasten anbringen lassen. Hartmut mußte immer möglichst unbemerkt die Treppe hoch schleichen. Aber die Hausbesitzerin war eine „fromme" Frau und versuchte ständig, Frau Kopp zu ihrer Sekte zu bekehren. Als Frau Kopp diese Versuche immer wieder ablehnte, wurde die Vermieterin immer „giftiger". Oft schimpfte sie mit Hartmut, um dann anschließend auf ihrem Harmonium fromme Kirchenlieder zu spielen.

In dieser Zeit verdiente Frau Kopp übrigens 48 Mark in der Woche, wovon sie 16,50 DM wöchentlich an die Pflegeeltern bezahlen mußte. Für die Miete waren pro Woche 5 DM zu bezahlen. Ihr verblieben also noch 26,50 DM in der Woche zum Leben. Von ihrem geschiedenen Ehemann erhielt sie nie einen Pfennig Unterhalt. Als Frau Kopp eine Klage wegen Unterhaltspflichtverletzung einreichte, wurde sie von ihm bedroht.

Immerhin blühte Hartmut nach der Scheidung auf; er war nicht mehr den vielen ehelichen Auseinandersetzungen ausgeliefert. Er äußerte einmal den Wunsch: „Ich möchte wieder einen Papa haben, fleißig und nicht besoffen.“ Sein Vater kümmerte sich allerdings auch nach der Scheidung nicht um ihn.

Im Alter von etwa acht Jahren kam Hartmut zu Familie W. in Pflege, weil seine bisherigen Pflegeeltern ein weiteres Kind erwarteten. Frau Kopp berichtet, daß es Hartmut bei Familie W. anfänglich ganz gut ging, obwohl es immer wieder Streit zwischen ihm und der fast gleichaltrigen Tochter der Pflegefamilie gab. Die Pflegeeltern hatten einen Acker; Hartmut mußte da ab und zu mitarbeiten. Außerdem verbot die Pflegemutter, daß Hartmut hin und wieder abends bei seiner Mutter aß. Frau Kopp tat dies sehr weh, aber sie steckte auch hier zurück, um die Pflegestelle nicht zu verlieren. Als Hartmut wieder einmal abends zur Mutter kam und bei ihr essen wollte, verweigerte sie ihm – gegen ihren eigenen Willen – das Essen, weil sie sich dringend auf diese Pflegestelle angewiesen glaubte.

Als sie einmal überraschend an einem Sommerabend bei den Pflegeeltern vorbeischaute, saß ihr Sohn gerade beim Abendessen. Es gab trockenes Brot und Gurkenschnitzchen. Hartmut war sehr hungrig, weil er auf dem Acker mitgeholfen hatte, doch seine Mutter durfte ihm nichts mehr geben. „Die Pflegemutter hat mir praktisch das Messer an den Hals gesetzt“, erzählt Frau Kopp.

Hartmut war etwa zehn Jahre alt, als seine Mutter endlich eine Drei-Zimmer-Wohnung mieten konnte. Sie berichtete davon ihrer Mutter, worauf diese darum bat, sie doch aufzunehmen. Die Großmutter zog also 1963 auch nach N. und versorgte tagsüber den Haushalt und ihren Enkelsohn, während ihre Tochter berufstätig war. Von diesem Tag an versuchte die Großmutter, ihre Tochter und Hartmut herumzukommandieren und zu beherrschen. Frau Kopp wehrte sich kaum dagegen, obwohl es ihr keineswegs recht war. Zum Beispiel hatte Hartmut auf einem Schulausflug einem Kameraden 5 Mark gestohlen, um der Mutter ein Andenken kaufen zu können. Als der Vater des bestohlenen Schulkameraden deswegen bei Frau Kopp vorsprach, verlangte deren Mutter von ihr, Hartmut zu verprügeln. Sie hatte schon eine Rute parat; und wie sooft, gab Frau Kopp dem Drängen nach und schlug einmal zu. Erst dann wehrte sie sich: Sie wolle ihr Kind nicht schlagen, sie habe es noch nie geschlagen! Mit Hartmut redete sie später darüber und klärte ihn auf, daß er nicht mehr stehlen dürfe. Als Hartmut schon Lehrling war, hat er ihr übrigens gestanden, daß er trotzdem des öfteren in einem Spielwarengeschäft gestohlen und die Spielsachen Freunden verschenkt habe.

Während der weiteren Jahre gab es zwar keine besonderen Auffälligkeiten, doch der tägliche Machtkampf zwischen Mutter und Großmutter ging weiter und artete in einen regelrechten Kleinkrieg aus, dem sich Hartmut nicht immer entziehen konnte. 1967 begann Hartmut eine Elektromechaniker-Lehre. Im ersten Lehrjahr gehörte er zu den besten Lehrlingen, im zweiten ließ er mit seinen Leistungen nach. Der Lehrmeister sagte zur Mutter, irgend etwas stimme wohl nicht. Vermutlich begann

Hartmut damals mit dem Alkohol. Im dritten Lehrjahr wurde es noch schlimmer. Hartmut hat kaum noch Hausaufgaben gemacht und kam immer wieder betrunken nach Hause. Kurz vor der Prüfung bekam er von einer Freundin Aufputsch-Tabletten, um nachts wenigstens einiges an Lehrstoff nachzuholen. Er hat im Jahre 1971 die Prüfung gerade noch bestanden.

Da seine Mutter im gleichen Betrieb arbeitete, sah Hartmut sie ab und zu an ihrem Arbeitsplatz. Er verstand jetzt, warum sie abends so fertig war, da sie ja tagsüber acht Stunden lang im Akkord arbeiten mußte.

Ende April 1971 ging Frau Kopp vier Wochen in Kur. Während dieser Zeit schluckte Hartmut zwanzig Schlaftabletten. In der Apotheke hatte er gelogen, daß er die Tabletten für seine Großmutter holen müsse. Im Krankenhaus wurde ihm der Magen ausgepumpt. Vier Wochen später kam es zum zweiten Selbstmordversuch. Frau Kopp traf sich an diesem Abend mit Bekannten aus der Kur und wollte auch bei diesen Bekannten übernachten. In dieser Nacht hat Hartmut dreißig Tabletten geschluckt und dazu Alkohol getrunken. Er wurde wiederum ins Krankenhaus in die Intensivstation eingeliefert.

Nach den beiden Suizidversuchen wurde das Alkoholproblem immer größer. Hartmut mußte schon morgens Bier trinken, um es einigermaßen auszuhalten. Tee oder Kaffee mußte er sofort wieder erbrechen. Die Mutter hat sich dann mit ihrem Sohn bei einem Nervenfacharzt angemeldet. Dieser sah keine andere Möglichkeit, als Hartmut in ein Psychiatrisches Landeskrankenhaus einzu-

2

weisen. Dort äußerten die Ärzte ihre Verwunderung darüber, daß der Nervenfacharzt ihn nicht schon viel früher – nach dem ersten Suizidversuch – eingewiesen hatte. Doch es half alles nichts. Der Alkoholkonsum von Hartmut wurde immer umfangreicher. Er hörte auch auf zu arbeiten.

Einmal brachte er nachts zwei ebenfalls betrunkene junge Männer mit. Sie schlossen seine Mutter und Großmutter im Schlafzimmer ein, gingen in sein Zimmer, drehten dort die Musikanlage sehr laut auf, lachten und gröhlten umher. Frau Kopp klopfte an die Schlafzimmertüre und bat Hartmut immer wieder, die Türe aufzuschließen. Durch den Lärm wurden die Hausbewohner alarmiert, die wiederum die Polizei riefen. Einer von Hartmuts Freunden stand unter Bewährung, wollte keinen Konflikt mit der Polizei und ist mit seinem anderen Freund abgehauen. Hartmut hatte sich inzwischen in die Küche eingeschlossen. Er sah unten die Polizei stehen. Mit einem Messer in der Hand bedrohte er die Polizisten, die mit gezogenen Pistolen auf ihn einredeten. Nach kurzer Zeit hat Hartmut das Messer abgegeben, und die Polizei hat ihn mitgenommen. Am nächsten Morgen erzählte er seiner Mutter, daß er sich vorgekommen sei wie ein Gejagter, und daß er auch imstande gewesen wäre, ihr das Messer in den Körper zu stoßen. Er habe auch während dieses Zustandes sehr viele Stimmen gehört.

Nach diesem Vorfall bekam Frau Kopp von der Baugenossenschaft die Kündigung angedroht, falls es noch zu weiteren derartigen Vorfällen kommen sollte. In ihrer Verzweiflung wandte sie sich zum ersten Mal an das

Jugendamt und bat um Hilfe. Durch viele Hausbesuche und persönliche Gespräche im Jugendamt konnte Vertrauen zwischen Hartmut und mir als seinem Betreuer hergestellt werden. Oft kam er in volltrunkenem Zustand zu mir ins Büro. Immerhin gelang es mir manchmal, ihn zu motivieren, abends zu Hause zu bleiben. Blieb er dann abends zu Hause und trank „wenig", verkonsumierte er zwei bis drei Flaschen Wein.

In den vielen Gesprächen berichtete Hartmut in aller Offenheit über seine Potenzstörungen. Er sei deshalb auch schon von einem Mädchen ausgelacht worden. Der übermäßige Alkoholkonsum verschlimmerte sein Problem noch mehr.

Hartmuts Zustand war wieder einmal sehr kritisch, als er an einem Nachmittag torkelnd in mein Büro kam. Er war damals 19 Jahre alt. Durch die zahlreichen vorherigen Gespräche hatte ich ihn zu einer Alkoholentziehungskur motivieren können. Als er nun so betrunken an meinem Schreibtisch saß, besprachen wir auch die Möglichkeit einer vorübergehenden Unterbringung im Psychiatrischen Landeskrankenhaus, um zu verhindern, daß er erneut in Schwierigkeiten gerät. Ein paar Tage zuvor war er mit einem Messer auf den Hausmeister losgegangen. Er konnte in betrunkenem Zustand sehr aggressiv werden, was ihm viele Unannehmlichkeiten einbrachte. Tatsächlich entschied sich Hartmut für eine freiwillige Unterbringung in der Psychiatrie, um unter ärztlicher Überwachung einen körperlichen Entzug durchzuführen. In der Zwischenzeit wollte ich mich um einen Platz für ihn in einem Alkoholentziehungsheim für Jugendliche bemühen.

Hartmuts Hausarzt stellte einen Überweisungsschein aus. Als wir uns auf die Fahrt machten, äußerte er den Wunsch, noch bei ihm zu Hause vorbeizufahren, damit er noch eine letzte Flasche Bier trinken könne. Da er sehr gereizt war, stimmte ich seinem Vorschlag zu, um ihn ein wenig zu besänftigen. Zu Hause trank er dann eine ganze Flasche Bier leer, ohne auch nur einmal abzusetzen.

Vor dem Tor der Klinik stellte ich mein Auto ab, um mich beim Pförtner nach der Aufnahmestation zu erkundigen. Vom Lärm erschrocken, drehte ich mich um und sah mein Auto schwanken. Hartmut tobte und trommelte mit den Füßen auf den Boden. Als ich zum Wagen zurückging, hörte er wieder auf. Schon auf der Fahrt hatte er die Befürchtung, er könne im Krankenhaus erneut mit Dr. S. zusammentreffen. Mit diesem Psychiater hatte er sich bei seinem letzten Klinikaufenthalt sehr heftig gestritten. Der Zufall wollte es, daß der Aufnahmearzt ausgerechnet dieser Dr. S. war. Ich konnte Hartmut zwar überreden, nicht sofort wegzulaufen und einigermaßen ruhig zu bleiben. Doch konnte ich nicht ahnen, daß sich ein Psychiater so ungeschickt mit einem volltrunkenen Patienten unterhalten würde. Er schrie Hartmut an, er habe doch keinen Grund, so viel Alkohol zu trinken und fragte ihn, warum er denn überhaupt noch trinke. Hartmut rutschte aufgeregt auf seinem Sitz hin und her. Man konnte ihm leicht anmerken, daß er sich ärgerte. Es fehlte auch nicht viel, und er hätte sich auf den Psychiater gestürzt. Zum Glück kam Hartmut auf die Station eines anderen Arztes. Beim Abschied versprach ich, ihn am nächsten Tag zu besuchen. Bei diesem Besuch kam Hartmut blaß und furchtbar zitternd auf mich zu. Der Alkoholentzug machte sich stark bemerkbar. Er sprach unzusammenhängende Sätze und war von Schmerzen geplagt. Wochen später gestand er, daß er sich an dieses Gespräch überhaupt nicht mehr erinnern könne.

Parallel zu seiner Unterbringung im Psychiatrischen Landeskrankenhaus bemühte ich mich um einen Platz in einem Alkoholentziehungsheim für Jugendliche. Das war nicht einfach, denn die Wartezeiten betragen normalerweise etwa neun Monate. Durch hartnäckiges Bedrängen des Heimleiters und den glücklichen Umstand, daß er aus der gleichen Stadt wie ich war, erhielt ich dann eine Zusage für Hartmuts Aufnahme schon nach etwa drei bis vier Monaten. Das zweite Problem war die Finanzierung dieser Entziehungskur. Die Landesversicherungsanstalt war zunächst nicht bereit, eine Zusage zu geben, obwohl dies die erste Kur für Hartmut war. Erst nach mehreren heftigen und lautstarken Auseinandersetzungen mit dem Sachbearbeiter und dessen Vorgesetzten erhielt ich eine Kostenzusage.

Es war klar, daß Hartmut nicht bis zum Kurbeginn im Psychiatrischen Landeskrankenhaus bleiben konnte. Um jedoch einen Rückfall nach seiner Entlassung zu vermeiden, wurde er mit seinem Einverständnis in eine private psychiatrische Klinik verlegt, wo er bis zum Kurbeginn bleiben konnte. Im Jahre 1972 kam er dann nach K.

Nach sechs Monaten sollte Hartmut ursprünglich aus der Alkoholentziehungskur entlassen werden. Er blieb jedoch freiwillig noch weitere zwei Monate dort. Vom

Heim aus sollte er in ein Zimmer vermittelt werden, was leider scheiterte. Er zog deshalb vorübergehend in ein Männerwohnheim. Nach vier Wochen siedelte er nach M. über, wo er sich ein Zimmer gemietet hatte.

Hartmut war einige Wochen nach der Kur „trocken", bevor er dann auf Drogen umstieg. Dies war etwa zu der Zeit, als er Petra in M. kennenlernte.

Petra hatte schon in jungen Jahren Kontakt mit Amerikanern und kam über sie in die Drogenszene. Sie war auch schon inhaftiert gewesen, weil sie einen Mann bedroht und versucht hatte, mit einer Spielzeugpistole Geld zu erpressen. Dieser Mann hatte ihr bei seiner Gegenwehr die Vorderzähne eingeschlagen. Sie war später auf den Strich gegangen, um Geld für Drogen zu verdienen.

Hartmut und Petra mieteten gemeinsam eine Ein-Zimmer-Wohnung und er ging zunächst einer geregelten Arbeit nach. Seine Freundin hatte er ermächtigt, von seinem Bankkonto Geld abzuheben. Als er einmal Geld abheben wollte, wurde ihm mitgeteilt, daß sie bereits alles abgehoben hätte. Daraufhin kam es zu einer heftigen Auseinandersetzung, in deren Verlauf Hartmut Petra ins Gesicht schlug. Er sah dann immer wieder, wie sie sich Heroin spritzte. Er merkte, daß sie danach meistens sehr guter Stimmung und gelöst war.

Schließlich kam auch er mit Drogen in Kontakt. Seiner Mutter erzählte er später, daß er sich mehrmals eine Überdosis gespritzt habe. Petra hat ihn jedoch immer rechtzeitig gefunden und den Notarzt gerufen. Als die Polizei bei Petra Heroin fand, wurde sie eineinhalb Jahre inhaftiert. Hartmut ist wieder nach M. zurückgezogen und

3

lebte dort in Untermiete. Er arbeitete auch wieder normal. Eines Tages brach er auf der Straße zusammen und wurde ins Krankenhaus gebracht, wo eine schwere Hepatitis festgestellt wurde. Der Arzt sagte, eine Stunde später hätte er diese Krankheit nicht mehr überlebt. Nach drei Monaten im Krankenhaus war Hartmut abwechselnd bei seiner Mutter oder aber in M. Dort verlor er schließlich sein Zimmer, schlief einmal hier, einmal dort und geriet immer tiefer in die Drogenszene.

Er begann eine Entziehungskur, brach sie aber wieder ab. Einige Zeit später fing er erneut eine Kur an und beendete sie nach acht Monaten erfolgreich. Danach wohnte und arbeitete er wieder zu Hause. Kurz darauf unternahm er wieder einen Suizidversuch mit Tabletten.

Einige Zeit später kam er einmal nachts gegen 2 Uhr nach Hause und klopfte bei seiner Mutter an die Schlafzimmertüre. Er redete von LSD und faselte wirre Dinge, war unruhig, aufgedreht, hatte einen irren Blick und schien völlig durcheinander. Er bat sie, den Hausarzt zu rufen, sonst würde er noch überschnappen. Dieser überwies ihn wieder in die Psychiatrie, wo er etwa drei Monate lang blieb. In W. lernte er Claudia kennen. Sie hatte versucht, sich mit dem Auto das Leben zu nehmen und wurde wegen ihrer schweren Kopfverletzung behandelt. Sie soll auch schon früher ein- bis zweimal versucht haben, sich das Leben zu nehmen. Claudia hatte einen zur damaligen Zeit etwa drei Jahre alten Sohn.

Von W. aus versuchte Hartmut, für sich eine Entziehungskur zu beantragen. Er schrieb verschiedene Einrichtungen an. Doch wurde ärztlicherseits eine weitere Kur für nicht mehr erfolgversprechend erachtet, weshalb Kuren abgelehnt wurden.

Hartmut lebte dann mit Claudia und ihrem Sohn in S. ein paar Monate lang zusammen. Das Kind war in Wochenpflege bei einer Großmutter untergebracht.

Claudia hat vermutlich Alkohol getrunken und ist, bevor sie Hartmut kannte, wegen Geldmangel auf den Strich gegangen. Sie war sexuell sehr fordernd, was ihn immer wieder abstieß. Er hat seiner Mutter ganz freimütig erzählt, daß Claudia sehr plump auf ihn zuging. Zum Beispiel hat sie, als er einmal abends nach Hause kam, den Rock hochgehalten, ohne etwas darunter anzuhaben und ihn aufgefordert, mit ihm ins Bett zu gehen. Er fühlte sich sehr abgestoßen, auch weil sie dabei eine Alkoholfahne hatte.

Als sie einmal zu Bekannten eingeladen waren, wollte Hartmut nicht gehen, da das Kind alleine zu Hause bleiben mußte. Claudia sagte, der Junge schlafe doch immer bis morgens 10 Uhr durch; sie hatten deshalb sogar bei den Bekannten übernachtet. Als sie morgens nach Hause kamen, lag der Junge kotverschmiert und vor Angst weinend im Ehebett. Hartmut hat ihn sofort gewaschen und angezogen. Es hat ihn sehr getroffen, weil er merkte, daß Claudia ihn angelogen hat. Er hing sehr an dem Jungen, was auch umgekehrt der Fall war. Der Junge war der Grund, weshalb Hartmut mit Claudia länger zusammen lebte, als er eigentlich wollte, da er sich im Grunde schon stark von ihr distanziert hatte.

Hartmut hat auch einmal Herrn Pfarrer F. gegenüber erklärt, daß Claudia sich im Schlafzimmer mit einem

Mann amüsiert und er sich im Nebenraum mit dem Kind beschäftigt habe. Es habe ihm überhaupt nichts ausgemacht, da er nur noch des kleinen Jungens wegen bei Claudia blieb. Ein anderes Mal hat Hartmut bei seiner Mutter übernachtet, ging dann morgens nochmal in Claudias Wohnung und fand sie schlafend – vormittags um 11 Uhr! Der Junge hatte bis dahin noch nichts zu essen bekommen. Es hat Hartmut sehr getroffen, daß der Junge von seiner Mutter so vernachlässigt wurde.

Auch die Mutter von Claudia kam einmal in die Wohnung und fand ihre Tochter spät am Morgen immer noch betrunken im Bett. Sie hat ihre Tochter lautstark beschimpft und ihr Vorwürfe gemacht. Hartmut hat währenddessen den Jungen genommen und ist mit ihm spazieren gegangen. Ihn hat dies alles dermaßen abgestoßen, daß er sich entschloß, Claudia zu verlassen und wieder nach Hause zur Mutter zu ziehen. Die Trennung erfolgte Silvester 1977/1978.

Hartmut war nur ein paar Wochen zu Hause und zog dann wieder nach M. zurück. Monatelang hat er nichts von sich hören lassen. Später hat Frau Kopp erfahren, daß er wieder in einem Männerwohnheim lebt. Wegen seiner zeitweisen Arbeitslosigkeit wurde er vom Arbeitsamt in einen Lehrgang für Elektroniker vermittelt. Er konnte die nächtlichen Ruhestörungen im Wohnheim durch randalierende Alkoholiker nicht aushalten und mietete sich wieder ein Zimmer. Er brach den Lehrgang trotzdem ab, da er inhaltlich nicht mehr mitkam.

Im Sommer 1978 habe ich ihn zufällig in W. getroffen und lange mit ihm gesprochen. Wir hatten – bedingt durch mein Studium – jahrelang nichts mehr voneinander gehört. Nur von seiner Mutter wußte ich, daß er einmal mehrere Wochen in Untersuchungshaft war.

Bei diesem Gespräch erzählte er sofort, daß er an der Nadel hängt. Auf meine Frage, ob ich ihm helfen könne, sagte er nur, daß er zu einer weiteren Entziehungskur keine Lust habe. Er würde sich eines schönen Tages den „Todesschuß“ setzen. Nur eines wolle er vermeiden: daß seine Mutter damit belastet werde. Während unseres Gespräches zeigte er mir einige junge Leute, die alle an der Spritze hängen und gerade dabei seien, sich „Stoff“ zu besorgen.

Seine Mutter wunderte sich, daß Hartmut Weihnachten keine Karte geschrieben hatte. Sie war sehr überrascht, als er am Weihnachtsabend plötzlich vor der Tür stand. Er verbrachte Weihnachten bei ihr, blieb einige Tage und fuhr am 31.12.'78 wieder zurück nach M. Am selben Tag hatte seine Mutter Geburtstag. Er hat ihr noch eine „sehr nette, originelle Karte geschrieben, mit Schlümpfen darauf, um wohl darauf hinzudeuten, daß die Schlümpfe immer glücklich seien“, wie Frau Kopp erzählt.

Hartmut hat in den ersten drei Monaten des Jahres 1979 nichts mehr von sich hören lassen. Überraschend stand er im April vor dem Haus und fragte seine Mutter, ob er heraufkommen dürfe. Sie sagte, das sei wohl selbstverständlich und bat ihn herauf. Er hatte ein schlechtes Gewissen, weil er so lange nichts hat von sich hören lassen. Hartmut war in den darauffolgenden Wochen nur zu Hause und hielt sich meist in seinem Zimmer auf. Er litt teilweise unter starken Depressionen. In dieser Zeit malte er seine interessantesten Bilder.

Außerdem mußte er sich Tabletten verschreiben lassen, um seine Schlafstörungen und Depressionen zu lindern. Am 26. 6. 1979 wurde Hartmut abends nach Hause gebracht. Er ging sofort in sein Zimmer. Kurze Zeit darauf kam er torkelnd heraus, die Spritze noch in der Hand, ging ins Bad und brach dort zusammen. Seine Mutter riß ihm die Spritze aus der Hand und verständigte telefonisch den Notarzt. Sie rieb ihrem Sohn mit nassen Waschlappen das Gesicht ab und versuchte, ihm das Herz zu massieren. Sie glaubte, daß er jetzt an dieser Spritze sterben müsse. Vom Notarztwagen wurde Hartmut ins Krankenhaus gebracht. Noch in derselben Nacht kam er gegen 2 Uhr wieder nach Hause. Schon vorher, so gegen 22 Uhr, hatte seine Mutter auf der Station angerufen und erfahren, daß ihr Sohn sehr aggressiv sei und randaliere, so daß der Arzt ihn festbinden lassen mußte und mit einer Einweisung ins Psychiatrische Landeskrankenhaus drohte.

Nach diesem Vorfall konnte Hartmut wegen seiner schlechten körperlichen Verfassung nicht zur Arbeit und blieb zwei Tage zu Hause. Am Freitag, den 29. 6. 1979 ging er morgens wieder zur Arbeit, kam abends jedoch nicht nach Hause. Da dies oft vorkam, hat sich Frau Kopp darüber keine weiteren Gedanken gemacht. Er hatte noch morgens zur Mutter gesagt, daß es abends später werden könne. Am nächsten Morgen um 6.30 Uhr klingelte es an der Wohnungstüre. Frau Kopp dachte zuerst, daß es Hartmut sei und hat deshalb aufgemacht. Es waren zwei junge Männer, die sich mit einer Marke als Kriminalpolizisten auswiesen. Sie teilten ihr mit, daß sich

4

Hartmut bei seinem Freund F. mit dessen Pistole erschossen habe. Frau Kopp rief in ihrer Verzweiflung über den Selbstmord ihres Sohnes mich gleich am Montagmorgen im Büro an und bat um Hilfe. Ich sagte sofort zu, bei ihr vorbeizukommen. Im Laufe des Gespräches äußerte sie Zweifel über den Selbstmord ihres Sohnes. Ein paar Tage vor seinem Tod, nach der Einlieferung ins Krankenhaus, sei sein Zimmer von Polizisten durchsucht worden. Dabei hätten sie ein schwarzes Notizbuch gefunden und mitgenommen. Nach der Entlassung aus dem Krankenhaus habe sie Hartmut von diesem Vorfall erzählt und gefragt, ob das für ihn gefährlich werden könne. Er habe darauf erwidert: „Mach dir keine Sorgen. Da stehen nur Fixer drin, die sowieso bekannt sind; allerdings auch ein oder zwei Adressen von Großhändlern aus Berlin, die könnten für die Polizei interessant sein."

Während des Gespräches zeigte mir Frau Kopp die Bilder von Hartmut und erzählte, was er ihr dazu jeweils gesagt hatte:

Auf Bild eins habe er Petra gezeichnet, ganz unten als Spritzenaufsatz und ganz oben mit Nadeln auf allen fünf Fingern. Er wolle damit zeigen, daß sie nur Drogen und Spritzen im Kopf hatte. Das Kind in der Mitte sei er selbst. Sein Leben sei von Anfang an verpfuscht gewesen. Er sei oft traurig und müsse dann weinen. Die junge Frau, die er auf dem Bild umarmt, sei ebenfalls Petra. Damit wolle er zeigen, daß er trotz aller Vorkommnisse doch noch an ihr hängt.

Zu Bild zwei hat er erzählt, wenn man fröhlich spielenden Kindern zuschaue, ahne man noch nicht, daß diese

Mädchen einmal vielleicht Prostituierte werden und die Jungen Zuhälter. Niemand wisse das im voraus. Zu der gespaltenen Zunge hat er gesagt: „Manchmal denke ich, es ist noch ein anderer in mir drin." Das offene Gehirn habe er dargestellt, da er sich durch die Drogen und den Alkohol nicht mehr konzentrieren könne und geistig mehr und mehr abbaue. Die junge Frau stelle Petra dar, die ja früher einmal auf den Strich ging. Die Liegende ohne Kopf sei ebenfalls Petra.

Zu Bild drei hat Hartmut seiner Mutter fast nichts erzählt. Sie vermutet jedoch, es könne wiederum Petra darstellen. Auch Bild vier hat er ihr nur gezeigt und nichts weiter dazu gesagt.

Bild fünf sei etwa im Mai 1979 entstanden. Er hat dazu erläutert, daß er sich selbst im Mutterleib gezeichnet habe, wie er sich dagegen sträubt, überhaupt geboren zu werden. Seine eine Hand stützt sich unten ab, um sich gegen die Geburt zu wehren, während die andere Hand seinen Vater in Teufelsgestalt zu erwürgen versucht. Dieser sei gerade beim Zeugungsakt: „Weißt du Mutter, mein Vater ist an allem schuld. Er hat dein und mein Leben vernichtet. Wir könnten sonst viel weiter sein."

Ganz allgemein berichtet Frau Kopp noch, daß Hartmut, wenn er ein Bild gemalt hatte, kurz zu ihr herauskam, einmal mehr, einmal weniger mit ihr sprach und dann wieder in sein Zimmer verschwand. Bei solch einer Gelegenheit hat er auch erzählt, daß er beim Malen aller Bilder geweint habe, ganz besonders beim ersten Bild.

Frau Kopp führte mich dann in Hartmuts Zimmer. An seiner Türe klebt ein menschliches Papierskelett in Originalgröße. An der hämisch grinsenden Totenfratze waren zwei Sprechblasen angebracht: „Nur ein toter Fixer ist ein geheilter Fixer“ und „Ich werde nie arbeitslos, ich kann warten, bis bald.“ Da er neben der Tür einen Kleiderschrank und dahinter sein Bett stehen hatte, konnte er das Skelett vom Bett aus nicht direkt sehen. Er hatte deshalb an der gegenüberliegenden Ecke einen überdimensionalen Spiegel befestigt, durch welchen er vom Bett aus das gesamte Skelett sehen konnte.

Die Bilder habe ich später mit Erlaubnis der Mutter einigen Psychologen vorgelegt, ohne ihnen vorher Informationen zu geben. Die verschiedenen Auskünfte der Psychologen stimmten im wesentlichen überein. Demnach signalisieren die Bilder ein sehr negativ geprägtes Mutter- bzw. Frauenbild, was jedoch nicht unbedingt die leibliche Mutter betreffen muß. Die ausgeprägten Sexualstörungen von Hartmut sind auf dieses negative Mutterbild und einer dadurch gestörten Beziehung zu Frauen allgemein zurückzuführen.

Normalerweise symbolisieren weibliche Brüste Geborgenheit, Wärme und Nahrung. Die Darstellung weiblicher Brüste als zerbrochene Eier sollen aus psychologischer Sicht eventuell auf Abtreibungswünsche der Mutter während der Schwangerschaft hindeuten.

Hartmut hat sich selbst im ersten Bild oben rechts in den Beckenbereich der Frau gezeichnet. Damit signalisiert er seine Sehnsucht, in die Gebärmutter zurückzukehren. Zum einen zeigt dies einen starken Wunsch nach Geborgenheit, Wärme und Abgabe von Verantwortung, zum anderen einen ausgeprägten Todeswunsch, denn eine Rückkehr in die Gebärmutter würde zum Ersticken führen. Auch in den meisten anderen Bildern von ihm kommt eine deutliche Todessehnsucht zum Ausdruck.

Hartmut muß sich sehr eingeengt gefühlt haben, was besonders deutlich in der Mitte des ersten Bildes zum Ausdruck kommt. Er malt sich als kleinen Jungen mit einem alten, traurigen Gesicht – in der rechten Hand eine Spritze, in der linken einen Löffel. Damit zeigt sich seine innere Situation: Ein kleines, trauriges und hilfloses Kind vor der Tür zu einer Zelle mit vergittertem Fenster. Sein äußeres Erscheinungsbild war das krasse Gegenteil, z. B. wie er sich auf dem gleichen Bild unten links malte. Zu beachten ist hier der Schnuller, den sein Selbstbild (?) auf der rechten Seite umhängen hat.

Weiter fällt an den Bildern auf, daß Frauen fast ausschließlich mit bitteren, fast hämischen, abweisenden und eiskalten Gesichtszügen gezeichnet wurden. Oft fehlen ihnen einzelne Glieder oder der Kopf, scheinen nur aus dem Rumpf zu bestehen. Möge jeder aus diesen Bildern seine eigenen Eindrücke sammeln und dabei versuchen, sich in die innere Situation, in die scheinbare Ausweglosigkeit von Hartmut Kopp hineinzufühlen.

Schlußbemerkung

Um eventuellen Mißverständnissen vorzubeugen, möchte ich zum Schluß meines Beitrages ganz klar darauf hinweisen, daß es mir bei dieser Beschreibung eines Fixerlebens darauf ankam, die individuellen tragischen Auswirkungen darzustellen, wie sie aus materieller Not, kinderfeindlicher Gesellschaft, gestörten Elternhäusern usw. resultieren. Gerade sehr sensible Menschen wie Hartmut Kopp verkraften dies alles nicht mehr, treten an den Rand der Gesellschaft, scheiden schließlich durch eigene Gewalt aus dem Leben.

Erschreckend dabei ist, daß diese Randseiter für das Funktionieren unserer Gesellschaft wichtig sind, indem sie als abschreckendes Beispiel für diejenigen dargestellt werden, die Zweifel am Konsumterror hegen, um die Massen zu motivieren, trotzdem kritiklos den nie erreichbaren materiellen Zielen nachzulaufen und für weitere Leistungssteigerung zu sorgen.

So interessant Biographie und Zeichnungen von Hartmut Kopp für eine psychologische Auswertung auch sein mögen – die Analyse wäre sehr beengt, würde sie sich nur nach rein psychologischen Erkenntnissen ausrichten.

Christof Theis

Interview mit Christiane F.

Kein Bericht aus der deutschen Drogenszene hat in den letzten Jahren mehr Aufsehen erregt als die Geschichte der Christiane F. Ihr Beitrag über die Verheerung deutschen Drogentums ist mehr als eine authentische Tatsachenreportage. Es ist die schonungslos offene, teils brutale Geschichte eines jungen Mädchens, das dem Rauschgift verfiel.

Die heute 18jährige Christiane kam mit zwölf Jahren in der öden Betonwüste der Berliner Gropiusstadt zum Haschisch, absolvierte einen pharmazeutischen Streifzug mit leichten Drogen und landete einen Monat vor ihrem vierzehnten Geburtstag beim Heroin. Sie wurde süchtig, ging morgens zur Schule und am Nachmittag auf den Kinderstrich am Bahnhof Zoo, um das Geld fürs Heroin zu besorgen. Ihr Leben wurde zum Wechselspiel eines jeden Fixers: Strich-Heroindruck-Strich.

Die Eltern, zermürbt durch die Anteilnahme und oft schon selbst behandlungsbedürftig, bemühten sich zwar, scheiterten aber an der Illusion, das Mädchen aus eigener Kraft von der Heroinsucht zu befreien.

Christiane unterbrach mehrmals einen Selbstheilungsprozeß und wurde wieder rückfällig.

Auf Initiative ihrer Mutter verließ sie Berlin vor drei Jahren und lebt jetzt bei Verwandten in einem kleinen Ort in Norddeutschland. Seit dieser Zeit ist sie „clean".

Christianes Buch „Wir Kinder vom Bahnhof Zoo" rangiert auf dem deutschen Sachbuchmarkt seit Erscheinen an erster Stelle, wurde in sieben Sprachen übersetzt und ist als Lehr-Analyse von Schulen und Therapiestätten kaum mehr wegzudenken.

Um clean zu werden, das behaupten Therapeuten wie Drogenabhängige, braucht es ein paar Jahre. Zwischen Deinem letzten Schuß und heute liegen nun drei Jahre. Wie ist die momentane Situation?

Christiane: *Nun, seitdem ich am 13. November 1977 Berlin verlassen habe, habe ich tatsächlich nicht mehr gefixt und bin damit eigentlich auf dem besten Wege, auch psychologisch von der Droge Abstand zu gewinnen. Den psychischen Entzug genau zeitlich einzuordnen, erscheint mir schwierig. Das hängt von zu vielen Dingen ab: Umwelt, Probleme, Job . . .*

Also Absprung ja, doch mit der Eventualität, wieder in die Fixerszene abzugleiten?

Christiane: *Nein, das kann man nicht sagen. Ich fühle mich einfach zu der gesamten Fixerszene nicht mehr hingezogen, weil ich jetzt meine Freunde hier habe und meine Wurzeln in Hamburg doch so fest eingeschlagen sind, daß das nur noch schwer herauszubekommen ist. Ich kann eine Umgebung unheimlich schnell liebgewinnen und dann geh ich da auch nicht wieder raus.*

Was auch ein Grund war, daß Du damals so sehr an Berlin festgehalten hast und damit den Prozeß des Entzugs verzögert hast?

Christiane: *Ich habe Berlin damals so geliebt, daß ich bereit war, mit Berlin unterzugehen. Für mich war nicht nur das weiße Pulver, das ich mir in die Vene gehauen habe, wichtig, für mich waren auch die Häuser in Kreuzberg Rauschgift. Und dasselbe passierte mir hier in*

Hamburg. Es gab sicherlich die Zeit des Heimwehs nach dieser wundervollen Stadt, aber mit der Zeit gewinnt man doch Abstand zur Szene und deren Umgebung.

Waren aber die Probleme dennoch nicht größer als Du jetzt hier wiederspiegelst?

Christiane: *Der Wechsel von Berlin in diese Kleinstadt in der Nähe Hamburgs muß als optimale Voraussetzung für meinen Drogenentzug gewertet werden. Die Folgezeit war sicherlich hart. Aber daß ich jetzt hier lebe, bei Oma und Tante, das war ein Rahmen, in den ich anfangs nicht hineinpaßte und aus dem ich manchmal ausrastete. Aber er hat mir auch die Möglichkeit gegeben, das alles zu lernen, was für mein neues Leben wichtig war.*

Hast Du hier noch mit Drogen experimentiert?

Christiane: *Ja, aber nachdem das Buchmanuskript abgeschlossen war, nicht mehr.*

Also jetzt seit eineinhalb Jahren?

Christiane: *Ja, und das sollte man auch nicht oberflächlich werten. Ich bin heute noch mit Leuten zusammen, die sich eine Nadel in die Vene hauen. Aber da ist nicht mehr das Gefühl, schußgeil zu werden.*

Nicht etwa, daß ich denken müßte, einen starken Willen zu haben. Nein, ich glaube, doch so klar ein Ziel vor Augen zu haben, daß mir die Droge doch ein bißchen im Wege wäre.

Könntest Du Dir vorstellen, aus irgendeinem Grund noch einmal der Droge zu verfallen?

Christiane: *Kaum. Würde ich heute zum Beispiel nach Berlin zurückgehen, dann wüßte ich, wo ich hingehöre. Und das wäre sicherlich nicht die scene. Ich möchte nicht felsenfest behaupten, daß ich clean bleibe, aber ich bin nun nicht mehr die Christiane F., als die ich mich in meinem Buch vorgestellt habe. Das will ich nicht mehr sein und das kann ich auch nicht mehr sein. Vielleicht kann ich mich als eine der wenigen Jugendlichen bezeichnen, die runtergekommen sind vom H. Wenn es eines Tages mehr Leute gibt, die so „clean" sind wie ich, dann wird es auch noch mehr Leute geben, die mit einer kleinen philosophischen Ader so was bringen können wie das Buch „Wir Kinder vom Bahnhof Zoo".*

Dein Buch hat mit seiner schonungslosen Offenheit sicherlich nicht nur bei den Jugendlichen Anklang gefunden. Es ist auch Lektüre für betroffene Eltern und Pädagogen. Hat sich damit Deine Absicht realisiert?

Christiane: *Erst einmal wollte ich ein Buch für Leute schreiben, die das Milieu kennen, also Ex-Fixer. Erst im Laufe der Zeit wurde mir klar, daß es auch bei anderen einschlagen mußte. Aber das Buch entstand aus den Gedanken des Fixers für den Fixer.*

Aber vielleicht auch als Warnung?

Christiane: *Ich glaube nicht, durch das Buch unbedingt warnen zu können. Die Leute, die ich damit erreichen könnte, rutschen ohnehin ab. Das ist ein Kreislauf ohne Ende. Diejenigen, die anfangen zu fixen, sind doch eigentlich mit Problemen konfrontiert, die bis ins erste Lebensjahr zurückgehen. Da kann auch Christiane F. nichts dran machen. Nein, eine Warnung ist es ganz sicherlich nicht.*

Die Zahl der Drogenabhängigen steigt mitunter in astronomische Höhen. Können da Patentrezepte wie „Droge statt Knast" ausdünnen oder wegradieren?

Christiane: *Jeder muß wissen, wo sein Weg langgeht.*

Womit die Frage nicht beantwortet und das Problem nicht gelöst ist ...

Christiane: *Patentrezepte sind wie Wunder. Es gibt sie nicht. Ich habe in meiner Drogenkarriere die Erfahrung gemacht, daß man mit den herkömmlichen Therapiemöglichkeiten auf dem falschen Weg ist. Das bestätigen auch die Statistiken. Eine Ersatzdroge für die eigentliche Droge schafft auch Abhängigkeit. Ob man jetzt von einem bestimmten Morphiat abhängig ist, oder vom Heroin, macht keinen großen Unterschied. Vielleicht könnte man Drogenabhängige mit Einzeltherapien wieder auf den richtigen Weg führen. Das wäre schon ein guter Anfang.*

Was machst Du heute und wie sehen Deine Zukunftsperspektiven aus?

Christiane: *Ich absolviere eine Buchhändlerlehre, die auf jeden Fall zum Abschluß gebracht werden soll. Irgendwie möchte ich später aber auch ein wenig kreativ sein. Das könnte mit Fotografie zusammenhängen. Konkret kann ich das heute aber auch noch nicht umreißen.*

Wie begegnest Du den Menschen hier nach Deiner Fixer-Zeit, nach Strich, Schuß und Dealern?

Christiane: *Ich mußte mich, als ich nach hier kam, ganz einfach mit den Leuten beschäftigen. Eigentlich stecken wir ja alle unter einer Decke, gerade was die Jugendlichen betrifft. Und da sollte man versuchen, mehr miteinander als gegeneinander zu arbeiten.*

Was aber mit den Erfahrungen auf dem Strich, die doch sicher bleibenden Charakter hatten und haben?

Christiane: *Sicher. Es ist nicht so, daß ich heute an einen Jungen herangehe, als wäre das einfach nicht passiert. Es gibt immer Schwierigkeiten mit Jungs, weil sie nicht verstehen können, was ich durchgemacht habe und wie man danach empfindet. Viele Freundschaften, die ich mir aufzubauen gedachte, sind daran gescheitert, daß ich bestimmen wollte, wann was, wo und wie zu passieren hat. In meinen Augen nutzt jeder Mann Frauen aus. Das ist nicht nur bei Freiern auf dem Strich der Fall . . .*

Aber Ausnahmen gibt es doch sicherlich?

Christiane: *Schon. Nur, wer eine Strich-Praxis hat, sieht das vielleicht mit anderen Augen. Mein jetziger Freund versteht mich. Ich kann mit ihm über meine Probleme reden und er begegnet mir so, wie ich mir das vorstelle. Vielleicht kann man so etwas als Ausnahme bezeichnen.*

Mit welcher Personengruppe sympathisierst Du heute?

Christiane: *Ich beschäftige mich ein wenig mit den Leuten aus der Punk-Szene, weil die aus dem gleichen Schema kommen wie ich: Ausgebrochen, ausgeflippt, in der Schule ständig aufgefallen. Nicht durch Dummheit, sondern durch Sensibilität. Vielleicht durch eine Begabung, die nicht gefördert wurde. Und daraus entstand dann eine Unterdrückung durch die Gesellschaft, die sich bei solchen Leuten durch extreme Taten ausdrückt. Es ist der Protest gegen die Unterdrückung, die Haare bunt zu färben und in auffälligen Klamotten herumzulaufen. Aber im Prinzip sind dies nur die Opfer unserer Gesellschaft.*

War die Droge in Deinem speziellen Fall dann auch als Instrument gegen die Unterdrückung gedacht?

Christiane: *Sicher, nur Droge macht nicht frei.*

Brigitte Kohnz
Michael Rommelspacher

Leonore
oder
Der Ausweg

Die Geschichte von Leonore ist die Geschichte eines erfolgreichen Therapieverlaufes. Die geschilderten Prozesse geschehen täglich vielfach in ähnlicher Weise im Alltag unserer *Therapeutischen Gemeinschaft Four Steps.*

Zum besseren Verständnis sind den verschiedenen Abschnitten jeweils einige theoretische Überlegungen angeschlossen. Dabei geht es uns weniger um Vollständigkeit und stilistische Brillanz. Wichtiger erscheint uns, Verständnis zu wecken und aufzuzeigen, daß Leonores Entwicklung unserer Entwicklung gar nicht so unähnlich ist.

Aufnahme

Aus dem Bewerbungsbrief von Leonore ergab sich folgendes Bild: Sie war 20 Jahre alt, hatte den Hauptschulabschluß, aber keine Berufsausbildung. Bis zum Therapiebeginn war sie entweder arbeitslos oder inhaftiert gewesen.

Sie stammt aus einer größeren Stadt im Ruhrgebiet. Mit ihren Eltern (ihr Vater ist Beamter, ihre Mutter Arbeiterin) kam sie nicht besonders gut zurecht. Nach ihrem Eindruck haben sie sich nie richtig um sie gekümmert. Ihre Mutter war immer arbeiten gegangen; Leonore war deshalb hauptsächlich von der Großmutter aufgezogen worden.

Mit 14 begann sie regelmäßig Alkohol zu trinken. Zu Hause gab es immer reichlich davon; der Vater war an den Wochenenden meist betrunken. Später fing sie an, Tabletten zu nehmen. Schließlich lernte sie Leute kennen, mit denen sie sich anfangs sehr gut verstand, von denen sie aber ihren ersten Schuß erhielt. Mit 17 war sie dann spritzgiftabhängig. In erster Linie konsumierte sie Heroin.

In der Folgezeit machte sie mehrere Entzüge, nach denen sie aber nur wenige Tage oder Wochen drogenfrei blieb. Sie schrieb uns, daß sie nie ernsthaft bereit gewesen sei, aufzuhören. Sie habe lediglich ihren Verbrauch selber steuern wollen.

Mit 18 wurde sie zum ersten Mal polizeilich auffällig (Verstoß gegen das Betäubungsmittelgesetz, Eigenverbrauch und Handel). Ihre Strafe von einem Jahr und neun Monaten wurde auf drei Jahre zur Bewährung ausgesetzt, schreckte sie aber nicht davor ab, weiter zu machen. Immer wieder verstand sie, ihrem Bewährungshelfer etwas vorzumachen.

Arbeit bekam sie nicht, also verdiente sie ihren Unterhalt und die Drogen durch Handel. Außerdem entdeckte sie die Prostitution als Geldquelle. Es hat sie zwar immer angeekelt, doch war es der einfachste Weg, an Geld zu kommen.

Nach einiger Zeit wurde sie erneut straffällig. Ihre Bewährung wurde aufgehoben, und sie mußte zum ersten Mal einsitzen.

Im Gefängnis hatte sie intensiven Kontakt mit der dort beschäftigten Sozialarbeiterin, die ihr die Möglichkeit einer Therapie aufzeigte. Nach anfänglicher Skepsis war Leonore immerhin bereit, es einmal zu versuchen.

Sie stellte noch während ihrer Gefängniszeit einen Antrag zur Aufnahme bei *Four Steps.* Die Anstaltsleitung und der zuständige Richter entschlossen sich, die restliche Strafe auszusetzen, falls sie dort aufgenommen würde.

Das also war ihre Situation. Ihr war klar, daß sie wieder ins Gefängnis zurück muß, wenn sie die Aufnahme nicht erreichen würde.

Sie zeigte sich dementsprechend nervös und zurückhaltend und wollte ihre Angst unbedingt verbergen. Ihre Unterlagen hatte sie alle beisammen (Kostenübernahme, ärztliche Bescheinigungen und Ausweispapiere, Nachweis über einen körperlichen Entzug, der ja durch den Aufenthalt in der Haftanstalt gewährleistet sein sollte).

Es ist nicht immer der Fall, daß ein Gefängnisaufenthalt auch Drogenabstinenz zur Folge hat. Durch die Vielzahl der Süchtigen, die in den Gefängnissen inhaftiert sind, floriert der Handel auch hinter den Gefängnismauern. Die Drogen werden geschickt hereingeschmuggelt. Man muß also damit rechnen, daß auch ein Bewerber Drogen genommen hat, der längere Zeit inhaftiert gewesen ist.

Am Aufnahmegespräch nehmen bei *Four Steps* ein bestimmter Mitarbeiter, ein Mitglied der Klienten und meistens auch ein Praktikant teil. Es hat die Aufgabe, die Bereitschaft des Bewerbers zur Veränderung des eigenen Verhaltens und die damit verbundene Einsichtsfähigkeit festzustellen.

Ein weiteres Aufnahmekriterium ist die Gruppenfähigkeit. Es ist ebenfalls zu prüfen, ob der Bewerber in die momentane Gruppensituation paßt und ob die Gruppe ihn tragen kann (was bei manchen Störungen wie Rückzug in Psychose sehr schwierig ist und von der Gemeinschaft nicht geleistet werden kann). Leonore wurde aufgefordert, ihre Probleme mitzuteilen. Sie war dazu nicht in der Lage, konnte nur von Drogen reden und von der Umwelt, die sie soweit gebracht hätte. Auf ihre eigentlichen Probleme kam sie nicht zu sprechen.

Dazu sind die wenigsten Klienten zu Beginn eines Aufnahmegespräches bereit oder fähig. Erst nach ständigem Eingehen auf ihn, verbunden mit offener Konfrontation, kann er ein wenig mehr von sich zeigen.

Leonore versuchte ständig, uns von ihrer Angst abzulenken. Sie konnte erst darüber reden, als sie merkte, daß sie nicht darum herum kam.

Wir hatten abschließend alle das Gefühl, daß sie die Kriterien einigermaßen erfüllt habe. Man kann bei einem ersten Gespräch, das etwa eine halbe Stunde dauert, vom Bewerber nicht verlangen, daß er sich öffnen kann. Man muß jedoch möglichst herausbekommen, ob er überhaupt dazu in der Lage ist, sonst ist eine Therapie nicht möglich.

Wird ein Bewerber abgelehnt, so wird ihm diese Ablehnung begründet. Das ist für ihn äußerst wichtig, da er die Chance hat, sich ein zweites Mal zu bewerben.

Leonore war also vom Aufnahmeausschuß aufgenommen. Sie mußte allerdings noch die Vorstellung in der Gruppe durchstehen.

Im allgemeinen ist dies keine Schwierigkeit, da die Gruppe nicht konfrontieren, sondern den einzelnen kennenlernen will. Wichtig ist jedoch, ob ein Gruppenmitglied den Neuen vielleicht schon kennt und nicht mit ihm zusammenleben möchte. Daß jemand von der Gruppe abgelehnt und aus diesem Grunde nicht aufgenommen wird, passiert durch die vorgeschaltete Instanz des Aufnahmeausschusses nicht, es sei denn, er verstößt gegen die verbindlichen Gruppenregeln (z. B. die durchgeführte Urinprobe ergibt, daß er nicht *clean* ist).

Leonore saß jetzt vor der Gruppe, die ihr verschiedene Fragen stellte. Es wurde sofort klar gestellt, daß es eine Regel der Gemeinschaft ist, über Drogen nicht zu reden. Leonore hatte vor der ganzen Gruppe noch mehr Angst als vor dem Aufnahmeteam. Es mußte alles aus ihr herausgezogen werden, weshalb einige Gruppenmitglieder während der Sitzung etwas aggressiv auf sie reagierten. Sie wurde aber auch von der Gruppe angenommen und nach der Sitzung freundlich begrüßt.

Nachdem ihre Sachen, ihre Kleidung und ihr Körper nach versteckten Drogen untersucht und nichts gefunden wurde, war sie endgültig in die *Therapeutische Gemeinschaft* aufgenommen.

Sie war nun volles Gruppenmitglied und unterlag damit der Konzeption, dem Tagesablauf und allen Beschlüssen, die sich die Gruppe selbst gegeben hat. Ihr Bleiben war freiwillig; sie konnte jederzeit wieder gehen. In der ersten Woche ihres „Daseins“ wurde sie von einem Mitglied der Gruppe aus Stufe 3 in die Beschlüsse und Regeln des Hauses eingewiesen, gegen die sie von nun an nicht mehr verstoßen durfte.

Stufe 1

Was Leonore also jetzt bereits wußte, waren ihre Rechte und Pflichten in Stufe 1, die etwa drei Monate dauern sollte. Ihre Rechte waren sehr eingeschränkt. Sie war zwar voll anerkanntes Gruppenmitglied, durfte aber bei Gruppenentscheidungen nicht abstimmen (außer bei Entscheidungen über disziplinarische Entlassungen, z. B. bei Rückfall, nicht eingehaltenen Gruppenverträgen o. ä.). Sie durfte aber jederzeit die Gesamtgruppe einberufen, wenn sie ein dringendes Anliegen hatte.

An Pflichten kam jedoch etwas mehr auf sie zu. Sie mußte alle Weisungen von Gruppenmitgliedern aus höheren Stufen befolgen und direkt ausführen, auch wenn es ihr nicht einsichtig war. Sie lernte, daß sie wenig zu bestimmen hatte, da sie ja auch noch sehr wenig in die Gemeinschaft einbrachte.

In der ersten Zeit sträubte sie sich gegen die Anweisungen von „oben", indem sie so tat, als ob sie ihre Pflichten auch erfüllen wollte, sie dann aber doch nicht ausführte. Bei der anschließenden Besprechung in der Gruppe behauptete sie dann, sie habe es einfach vergessen. Sie verhielt sich am Anfang wie ein kleines, trotziges Kind, das sich seinen Eltern verweigert. Sie hatte auch Schwierigkeiten mit ihrem Haus- und Küchendienst. Sie sei zu solchen hausfraulichen Tätigkeiten noch nie in der Lage gewesen und sehe es auch nicht ein, die Magd der Gruppe zu sein. Sie verrichtete ihre Arbeiten äußerst schlampig und bekam aus diesem Grunde ständig Strafen.

Diese Sanktionen sollten ihr helfen, das Verhalten zu verändern. Sie mußte sich die Art der Bestrafung selbst aussuchen, was sie zwang, über ihr Trotzverhalten nachzudenken.

In dieser Zeit (nach etwa drei Wochen Aufenthalt) versuchte sie immer noch, sich aus der Gruppe zurückzuziehen, sich also nicht nur ihrer Arbeit, sondern auch den Gruppenmitgliedern zu entziehen. Sie brach mehrmals das Gebot, daß Mitglieder der Stufe 1 und 2 vor 22 Uhr sich nicht alleine auf ihre Zimmer zurückziehen dürfen. Das hat den Sinn, daß sich die einzelnen nicht von der Gruppe isolieren und ihre Probleme alleine austragen. Dies verstößt erstens gegen das Prinzip der Offenheit und fördert zweitens Rückzugsverhalten, das meist ein Anzeichen für den baldigen Therapieabbruch ist. Sie mußte einen Vertrag mit der Gruppe schließen, in welchem schriftlich festgehalten wurde, daß sie ihr Verhalten ändern wolle. Sie bestimmte für sich selber, daß sie von nun an eine Woche lang jeden Tag auf ein Gruppenmitglied zugehen wolle, um ihren Kontakt zu einzelnen in der Gruppe zu verbessern.

Solche Verträge werden öfter geschlossen. Sie werden von den Gruppenmitgliedern derart unterstützt, daß alle den Vertrag unterschreiben und damit ausdrücken, daß er für alle gültig ist, daß die Gruppe auf seiner Erfüllung besteht. Mehrmalige Verstöße werden im schlimmsten Fall mit Entlassung bestraft. Leonore erfüllte ihren Vertrag, und ihr Rückzugsverhalten änderte sich.

Sie bekam nun das erste Mal von der Gruppe eine positive Rückmeldung. Danach verbesserte sich auch ihr

Arbeitsverhalten. Sie strengte sich mehr an und wollte jetzt offensichtlich den anderen gefallen und akzeptiert werden.

Das Verbot von Außenkontakt während der ersten drei Monate (also keine Post und keine Anrufe von oder nach draußen) machte Leonore keine Schwierigkeiten. Sie kannte draußen nur wenig Leute außer in der *scene,* mit denen ein Kontakt aber generell über die ganze Therapie verboten ist. Nur die Sozialarbeiterin aus dem Gefängnis und ihre Bewährungshelferin erkundigten sich öfters nach ihr.

Mehr Schwierigkeiten bereitete ihr das Verbot, in der Stufe 1 keinen sexuellen Verkehr haben zu dürfen.

Für sie war Sexualität ein Mittel, Anerkennung zu erhalten. Ihr Bedürfnis nach Kontakt konnte sie am besten dadurch ausdrücken.

Das sogenannte „Bumsverbot" in Stufe 1 hat einen ähnlichen Sinn wie das Verbot von Außenkontakten. Der Klient soll zunächst einmal bei sich selber bleiben und seine Schwierigkeiten angehen, bevor er sich in sehr engen Kontakt mit anderen begibt.

Kontakt mit der Gruppe soll zunächst die einzige Beziehungsform bleiben, bis der einzelne gelernt hat, daß er auch Verantwortung für andere übernehmen kann.

Die Entwicklung von Leonore in der Psychotherapie verlief ähnlich wie im Arbeits- und Wohnbereich. Nach anfänglichem totalen Abblocken kamen, wie in der Gruppe, massive Schwierigkeiten hervor, mit Autorität umzugehen. Dies war auf ihre Beziehung zu ihren Eltern und speziell zu ihrem Vater zurückzuführen, der sie immer ambivalent behandelt hatte. Zumeist, wenn er nüchtern war, war er sehr streng und unnachgiebig. Im alkoholisierten Zustand war er dann eher kollegial zu ihr und gestand ihr seine Schwierigkeiten mit ihrer Mutter, die anderen Männern sehr zugetan war. Die Ehe funktionierte nicht mehr.

Leonore hatte einerseits einen großen Haß gegen ihren Vater und fand ihn in angetrunkenem Zustand erbärmlich. Auf der anderen Seite liebte sie ihn auch sehr, da er sich immer mehr um sie gekümmert hatte wie ihre Mutter, die oft unterwegs war oder arbeitete.

Gegen ihre Mutter hatte sie massive Konkurrenzkonflikte. Durch ihre gestörte Beziehung zu ihr war sie auch in ihrer Rolle als Frau unsicher.

In ihrem Verhältnis zu Männern und ihrer Rolle als Frau wurde sie in der Zeit, in der sie sich ihr Geld durch Prostitution verdiente, noch mehr verunsichert. So war sie anfänglich dem Therapeuten gegenüber sehr skeptisch und versuchte, ihn sexuell zu verführen – eine Verhaltensweise, die sie schon öfter angewendet hatte.

Durch ihre Sexualität hoffte sie die Zuwendung zu bekommen, die sie durch ihre Unfähigkeit zur Kommunikation nicht erreichen konnte. Sie erhoffte sich also Vorteile durch den Einsatz ihres Körpers.

Während der Therapiesitzungen wurde ihr das sehr deutlich. Sie merkte, daß sie mit Nähe und Distanz nicht umgehen konnte. Dieser Einstieg in ihre Problematik gab ihr Auftrieb.

Sie bemerkte einige Hintergründe ihres Verhaltens, über die sie sonst nie nachgedacht hatte. Ihre Zweifel über den Wert der Therapie verschwanden, je mehr sie sich öffnete.

Ihre Gedanken über Drogen und „Abhauen“, die sie zu Anfang der Therapie häufig gehabt hatte, konnte sie jetzt in die Gruppe einbringen und dort darüber reden. Sie merkte, daß die Gruppe sie nicht bestrafen oder fertig machen wollte, sondern daß sie ein Ort der Offenheit, Zuneigung und Geborgenheit war. Sie erfuhr, daß die anderen es auch geschafft hatten, und ihr Bedürfnis stieg, etwas für sich zu tun. Leonore hatte sich nun ernsthaft entschlossen zu bleiben und die Therapie zu beenden.

Nach drei Monaten konnte sie in Stufe 2 hochgestuft werden. Sie hatte die Kriterien dafür in der vorgeschriebenen Zeit erreicht, wie:

Aktive Teilnahme am Gruppengeschehen, korrektes Arbeitsverhalten und Erfüllung der Pflichten in der Therapie, Einstieg in die Problematik, ehrliche Selbstkontrolle in bezug auf Drogenstabilität, soziales Verhalten (Offenheit, Auseinandersetzung und kein „Linken“, klare Beziehungen).

Zusammenfassend zu Stufe 1 ist festzuhalten, daß der Behandlungsbeginn charakterisiert ist durch nahezu geschlossenes Abblocken, verursacht durch die typische Kommunikationshemmung und das angstbedingte Abwehrverhalten des Drogenabhängigen.

Da durch die Therapie ein Rückfall in kindliche Verhaltensweisen regelrecht provoziert wird, treten auch die Widerstände in einer oft infantilen Form auf.

Es kommt zu Wutausbrüchen und starkem Trotzverhalten. Andererseits kommt es auch zu massivem Rück-

zugsverhalten, zu Isolation und depressiven Zuständen, da der Abhängige ja zunächst ohne Drogen nur innere Leere vorfindet. Er benutzt gleichsam die ganze Skala der Verhaltensweisen, mit denen er sich früher vor einer angemessenen Auseinandersetzung mit der Umwelt geschützt hat (z. B. Leonore versuchte, den Therapeuten sexuell zu verführen, um von ihm angenommen zu werden).

Sehr oft treten auch körperliche Symptome auf, hauptsächlich Kopfschmerzen, Hautallergien oder Störungen des Magen-Darm-Trakts. So auch bei Leonore. Sie weigerte sich wie ein Kleinkind, ihren Kot herzugeben, und ihr Eßverhalten war sehr gierig, wodurch sie anfangs stark zunahm. Wenn der Drogenabhängige dann mit diesem Verhalten nicht mehr zum Ziel kommt, beginnt ein Prozeß der Reflektion und der Klient merkt, daß er sich verändern muß, um von der Gruppe angenommen zu werden.

Durch die Verschiebung des Konflikts auf die Körperebene wird er der bewußten Verarbeitung entzogen und wirkt selbstzerstörerisch. Diese Verschiebung wird im therapeutischen Prozeß als Abwehrphänomen (Widerstand) benutzt, um die meist schmerzhafte Bewußtwerdung des verdrängten Konflikts zu vermeiden.

Schwerpunkt in Stufe 1 ist das Verhaltenstraining, welches sich an den Gruppennormen orientiert. Mit der Zeit erfolgt eine positive Identifikation mit den Gruppennormen, d. h. sie werden nicht mehr als sinnlose Reglementierung angesehen (wie oft in den ersten Wochen), sondern als notwendige Regulationsmechanismen, die ein Zusammenleben erst ermöglichen.

Ein Ziel der Gruppenpsychotherapie ist das Herstellen von Bewußtheit über Körperprozesse, über sich selbst und über die Umwelt (wird durch Atemübungen, Elemente der integrativen Bewegungstherapie und intensives Fühlen und Erleben des Körpers angestrebt). Diese gesteigerte Bewußtheit (awareness) im Umgang mit sich selbst und anderen ermöglicht dem Klienten erstmals inhaltlich befriedigende Auseinandersetzung und Begegnung.

Als Mitglied der Gemeinschaft erhält er eine soziale Identität in einem stabilen Gefüge, das ihm Orientierungsmaßstäbe und Hilfen gibt. Er vermag auf diese Weise die alten Rollenmuster abzulegen und neue zu finden. Neben dem sozialen bekommt der Klient durch die Gruppe auch emotionalen Halt. Damit kann er seine Existenzangst bearbeiten und somit den Wunsch nach Drogen durch Lebenslust ersetzen.

Es findet eine Art „Suchttransfer“ von der Droge auf die Gemeinschaft statt. Je intensiver die Bindung zu ihr, desto geringer ist die Gefahr des Abbruchs. Die Gemeinschaft stellt für den Klienten in dieser Stufe den geschützten Rahmen einer Familie dar, als „große Mutter“ oder als „ordnende und beschützende Vaterinstanz“.

Stufe 2

Wie alle Klienten in Stufe 2 erlangte Leonore nun mehr Rechte.

Sie war jetzt voll stimmberechtigt und konnte folglich über das Gruppenleben, Hochstufungen und sonstige Beschlüsse mitentscheiden. Sie bekam also zu der Verantwortung nur für sich selbst die Verantwortung für die anderen dazu. Eine ihrer Pflichten war von nun an, Vorbild für die Gruppenmitglieder aus Stufe 1 zu sein.

Mit mehr Verantwortung erhielt sie auch mehr Freiheit. Sie durfte nun Kontakt nach draußen haben, also wieder telefonieren sowie Briefe schreiben und erhalten, allerdings noch von einem Mitglied aus Stufe 3 oder einem Therapeuten kontrolliert.

Außerdem ist in Stufe 2 das „Bumsverbot“ wieder aufgehoben. Es wird davon ausgegangen, daß der einzelne sich nun drei Monate lang mit sich selbst beschäftigt hat und nun eher in der Lage ist, eine Beziehung zu versuchen und auch ein Recht auf Sexualität hat.

Nimmt ein Klient während der Therapie eine Zweierbeziehung auf, so hat er die Möglichkeit, dadurch entstehende Schwierigkeiten und Probleme direkt in der Therapie angehen zu können.

Drogenabhängige haben im allgemeinen sehr große Schwierigkeiten mit Zweierbeziehungen. Konflikte mit dem Partner drücken nicht zuletzt auch eigene Unfähigkeiten aus.

Für Leonore kam das Aufheben des Verbotes sehr gelegen, da sie eine Beziehung mit einem Jungen aus Stufe 3 begonnen hatte.

Eine andere neue Freiheit war, daß sie jetzt wöchentlich an einem Abend bis 2 Uhr nachts Ausgang hatte, den sie sehnsuchtsvoll erwartete, da sie durch ihre Haftzeit und der Ausgangssperre in Stufe 1 nun sehr lange nicht mehr „draußen" gewesen war. Außerdem war es ihr erster drogenfreier Ausgang seit Jahren.

Die ersten vier Ausgänge muß Stufe 2 mit einem Mitglied aus einer höheren Stufe machen, da es für den einzelnen eine Versuchung bedeuten kann und viele in diesem Stadium nicht sehr drogenstabil sind. Nach den ersten vier Ausgängen können Mitglieder der Stufe 2 dann gemeinsam auszugehen. Alleine darf noch niemand gehen, erst in Stufe 3.

Leonore schaffte die Ausgänge recht gut, für sie war es deshalb auch keine so große Schwierigkeit, da sie ja weit weg von ihrer Heimat-*scene* war und die örtlichen *scene*-Lokale nicht kannte.

Für einen Klienten aus dem hiesigen Raum stellen die Ausgänge eine besondere Versuchung dar, wieder auf die *scene* zu gehen und alte Freunde wieder zu treffen.

In der Stufe 2 mußte Leonore nun auch einen Verantwortungsbereich übernehmen, den sie sich selber aussuchen konnte.

Sie konnte zwischen Gewächshaus, Garten, Werkzeugkeller, Kreativraum, Nähsachen, Büchern und Zeitschriften wählen und entschied sich für das Gewächshaus.

Sie übernahm damit zum ersten Mal alleinige Verantwortung für einen überschaubaren Bereich. Da sie nicht viel über Pflanzen und das Führen eines Gewächshauses wußte, mußte sie sich sehr intensiv damit beschäftigen. Es begann, ihr Spaß zu machen, und sie nahm ihre Sache ernst. Der angestellte Gärtner stand ihr mit seinem Rat hilfreich zur Seite. Die einzige Schwierigkeit bestand darin, daß sie nun wieder anfing, sich mehr und mehr der Gruppe zu entziehen, da sie sehr viel Zeit im Gewächshaus verbrachte. Die Gruppe gab ihr zu verstehen, daß sie trotz ihres Eifers sie nicht vernachlässigen dürfe, sonst müsse sie ihren Verantwortungsbereich abgeben. Obwohl es sie zunächst sehr traf, sah sie ein, daß die Gruppenmitglieder recht hatten und achtete wieder auf ihre Rückzugstendenzen.

In dieser Stufe mußte Leonore, wie alle anderen auch, für vier Wochen die Aufsicht über das ganze Haus übernehmen. In den ersten beiden Wochen war sie dafür zuständig, daß das Haus saubergehalten wurde. Sie mußte also die Arbeiten von Stufe 1 einteilen und kontrollieren, die Gruppe jeden Morgen pünktlich wecken (um sieben Uhr) und vieles andere mehr.

Das war nun eine sehr geballte Übernahme von Verantwortung, aber auch von Macht. Ein AvD (Aufsicht vom Dienst), wie der Klient in dieser Zeit genannt wird, hat eine wichtige Funktion für das Haus und muß in dieser Zeit viel lernen. Er kann nun Weisungen geben, die von den anderen ausgeführt werden müssen.

Leonore konnte mit dieser Position zunächst wenig anfangen. Sie bevorzugte diejenigen aus Stufe 1, die sie sympathisch fand und behandelte die anderen sehr hart, versuchte auch, sie durch übergenaue Kontrolle beim Hausputz zu unterdrücken. Einige der Betroffenen aus

Stufe 1 beschwerten sich daraufhin in der Gruppe. Leonore wurde auf ihren Mißbrauch aufmerksam gemacht und bekam eine Probezeit mit der Auflage, ihr Verhalten zu ändern, was ihr dann auch gelang. So konnte sie den Küchen-AvD übernehmen.

Davor hatte sie besonders große Angst, da sie sich für den ganzen Küchenbetrieb wenig interessierte. Der Küchen-AvD muß den gesamten Essensplan für die Gruppe zusammenstellen. Dies geschieht nach Absprache von Stufe-1-Gruppenmitgliedern, die ja kochen müssen. Der AvD bekommt dann das Essensgeld (ca. 1000–1200 DM) für eine Woche ausbezahlt und muß sämtliche Lebensmittel und Haushaltswaren selbständig einkaufen und darüber Buch führen.

Er muß genau kalkulieren, damit das Essen auch die ganze Woche reicht und keine Lebensmittel verderben. Der Einkauf geschieht zusammen mit einem Praktikanten oder Zivildienstleistenden.

Mit Geld umzugehen ist eine Schwierigkeit vieler Drogenabhängiger. Für Leonore war es besonders schwierig, knapp zu kalkulieren, da sie früher immer nach ihren spontanen Bedürfnissen eingekauft hatte. Sie gab im ersten Teil der Woche schon so viel Geld aus, daß sie die restliche Woche kaum noch Mittel hatte, ein vernünftiges Essen zusammenzustellen. Die Mahlzeiten fielen dementsprechend knapp aus.

Sie wurde von der Gruppe deswegen wieder getadelt. Dies schien ihre Belastbarkeit zu übersteigen, da sie nun alles laufen lies, die Abrechnungen nicht korrekt ausführte und das Essen von Tag zu Tag schlechter wurde.

Als sie nun nach zwei Wochen den Küchen-AvD abgeben wollte, entschied die Gruppe, daß sie ihn noch einmal wiederholen müsse, bis sie ihn in gewünschter Weise ausführe.

In dieser Zeit erlebte Leonore eine Krise. Sie spielte wieder öfter mit Abbruchgedanken und hatte das Gefühl, es wie immer nicht zu schaffen.

Hier wird deutlich, wie das Vier-Stufen-Modell Krisen heraufbeschwört, die dann in der Therapie bearbeitet werden sollen. Drogenabhängige reagieren bei Belastungen oft in ähnlicher Weise. Durch die verminderte Fähigkeit, Spannung und Belastung zu ertragen, sehen sie den einzigen Ausweg in der Entlastung durch Drogenkonsum.

Leonore war in dieser Zeit durch ihr Vertrauen und die Unterstützung der Gruppe fähig, ihre Gedanken an Drogen und an das Abbrechen der Therapie offen anzusprechen. Hier wurde ihr nun ihre Suchtstruktur deutlich, und sie erfaßte die Möglichkeit, sie zu bearbeiten und nach konstruktiveren Lösungsmöglichkeiten zu suchen.

Ein anderes belastendes Moment war die Entwicklung ihrer Beziehung zu ihrem Freund aus Stufe 3. Sie hatte einerseits massive Angst, sich zu binden, klammerte sich aber andererseits an ihren Freund und versuchte, ihn von sich abhängig zu machen. Sie machte ihm die fürchterlichsten Eifersuchtsszenen, wenn er mit einer anderen Frau zusammen war. Sie konnte immer noch nicht mit Nähe und Distanz umgehen. Ihre Kontaktgrenzen verschwammen oft und es fiel ihr schwer, zwischen ,,Ich" und ,,Du" zu unterscheiden.

Ihre therapeutische Arbeit in Stufe 2 orientierte sich in erster Linie an den Beziehungskonflikten. Leonore litt immer noch darunter, daß ihre Eltern sie nie richtig geliebt und angenommen hatten und unter dem ambivalenten Verhältnis zwischen Haß und Liebe zu ihren Eltern.

Die Beziehung zu ihren Eltern war für sie nicht abgeschlossen, obwohl sie schon länger von zu Hause ausgezogen war. Und sie beeinflußte noch immer Leonores Beziehungen zu Männern und Frauen.

Sie versuchte in der Psychotherapie sich mit ihren Eltern auseinanderzusetzen und den daraus resultierenden Konflikt anzugehen.

Der zweite Versuch von Leonore, die Funktion eines Küchen-AvD zu erfüllen, verlief nun konstruktiver. Sie konnte inzwischen ihre Fähigkeit, Spannungen auszuhalten, erhöhen. Und da sie die Arbeit bereits kannte und wieder etwas mehr Auftrieb hatte, schaffte sie es diesmal.

Das bedeutete für sie ein sehr wichtiges, positives Erlebnis. Sie hatte es geschafft, mit Geld umzugehen und das Essen für die Gruppe zu organisieren. Für sie war dies der bisher größte Erfolg während der Therapie, weil sie damit ja auch die größten Schwierigkeiten hatte.

Mit der Erkenntnis, daß sie etwas leisten konnte, wuchs ihr Selbstwertgefühl. Sie engagierte sich in den Gruppensitzungen und war für die Stufe 1 ein gutes Vorbild.

Sie wurde dann ohne große Bedenken in die Stufe 3 hochgestuft, da sie alle Kriterien der Stufe 2 nunmehr erfüllt hatte, wie:

Zuverlässiges Erfüllen der Arbeit und des Verantwortungsbereiches,

kontinuierliches Arbeiten an der Eigenproblematik und in Konfliktsituationen sichtbare Verhaltensänderungen.

Über den Entwicklungsprozeß in Stufe 2 ist festzuhalten, daß diese Phase geprägt ist vom Erwerb und Ausbau der Möglichkeiten, später differenzierte Rollen und Verhaltensweisen auszuüben.

Der Schwerpunkt im soziotherapeutischen Bereich liegt deshalb auch in der Übernahme sozialer Verantwortung, z. B. durch Übernahme des AvD und eines Verantwortungsbereichs.

In dieser Zeit kommt es oft zu starken Konflikten, da die meisten Abhängigen nicht gelernt haben (und aufgrund ihrer Persönlichkeit auch nicht in der Lage dazu sind), sich dominant zu verhalten und durchzusetzen. Der bei allen schwelende Autoritätskonflikt lebt wieder auf und führt zu einem Ablehnen von Verantwortungsübernahme. Dieser Konflikt wird in der Gruppentherapie dahingehend bearbeitet, daß der Klient lernt sich selbst zu behaupten und seine Machtstellung nicht zu mißbrauchen.

Ein weiterer Lernschritt ist die Schulung von organisatorischen Fähigkeiten, eine steigende Belastbarkeit und daraus resultierend eine Erhöhung der Frustrationstoleranz.

Weiter sind Schulung von Differenzierung zwischen persönlichen Beziehungen und Inhalten der Funktionen wichtig sowie der Aufbau eines Wertgefühls für materielle Sachen (z. B. Lebensmittel, Geld).

Ziel dieser intensiven Lernphase ist es, verschiedene Rollenmuster zu lernen und Verantwortung tragen zu lernen, allgemein eine Erweiterung des Rollenpotentials.

Wir finden hier in der Persönlichkeitsentwicklung oft eine entscheidende Veränderung: War in Stufe 1 noch kindlicher Trotz und von Abhängigkeit geprägtes Verhalten vorherrschend, so beginnt nun eine bewußte Differenzierung in verschiedene Rollen. Ansätze zur Verhaltensveränderung werden im Tagesablauf und in der Gruppe positiv verstärkt. Besonders in der Gruppenpsychotherapie wird ein Übungsfeld für neue Rollenmuster zur Verfügung gestellt bzw. werden Behinderungen durch Aufarbeiten der zugrundeliegenden emotionalen Konflikte abgebaut.

War in Stufe 1 das Ziel der therapeutischen Arbeit noch weitgehend auf den Erwerb neuer und angemessener Selbst- und Fremdwahrnehmung gerichtet, was eine Vertiefung der Einsicht in die eigenen Konflikte zur Folge hat, so beginnt in Stufe 2 ein intensives Aufarbeiten der individuellen Problematik im Rahmen der Gruppe. Alte Verhaltensweisen werden bewußt gemacht und so können neue Möglichkeiten der Konfliktlösung eingeübt werden.

Stufe 3

Leonore war nun nach sechseinhalb Monaten Aufenthalt bei *Four Steps* in der Stufe 3, der letzten Stufe im Rahmen der stationären Behandlung.

Das bedeutete für sie, daß sie Verantwortung für die Gruppe hatte, Vorbild für alle Stufen sein mußte und leitende Funktionen ausübte.

Sie mußte nun Haussitzungen leiten, Arbeitsprojekte planen und durchführen und mit dem Team eng zusammenarbeiten.

Die Stufe 3 hat für die Planung und Organisation des Hauses eigene Zusammenkünfte, an denen ein Teammitglied teilnimmt und in denen die Situation im Haus gemeinsam besprochen wird, z. B. was sich in der Gruppe abspielt oder was im Haus verändert werden soll. Das Leiten von Haussitzungen verlangte von Leonore die Konzentration auf das Gruppengeschehen und einen Überblick über die Gruppenstrukturen. Sie mußte sich, da sie ja die Leitung innehatte, durchsetzen können und darauf achten, daß sich die Gesprächsverläufe nicht verzetteln. Für jemand, der noch nie eine Gruppe mit 25–30 Mitgliedern geleitet hat, ist das gar nicht so einfach. Klienten aus Stufe 1 versuchen immer wieder, zu manipulieren und von sich abzulenken. Die Gruppenleitung hat dann die Aufgabe, dies aufzudecken und zu unterbinden. Sie soll konfrontieren und Fehlverhalten der Gruppenmitglieder aufdecken können. Sie braucht dies allerdings nicht ganz alleine zu leisten, da ja noch andere Stufe-3-Mitglieder an den Sitzungen teilnehmen und auch Mitarbeiter da sind.

Leonore hatte etwas Schwierigkeiten mit dieser neuen Rolle. Sie stand nun nicht mehr so sehr im Schutz des Gruppenverbundes, da von einem Stufe-3-Mitglied eine gewisse Eigenständigkeit verlangt wird.

Ihr Freund hatte vor kurzem die Gruppe verlassen und lebte nun in einer Nachsorge-Wohngemeinschaft. Der Gedanke, daß sie nun auch bald fertig sein würde und sich von der Gruppe trennen müßte, machte ihr Angst. Sie fühlte sich mittlerweile sehr eng an die Gruppe gebunden. Sie wollte sich mit ihrem Erwachsenenstatus nicht zurechtfinden. Obwohl sie beim Antrag auf die Hochstufung in Stufe 3 sicher gewesen war, daß sie schon reif für eine höhere Stufe sei, merkte sie bald, daß sie sich der Stufe 3 noch nicht gewachsen fühlte. Leonore bat die Gruppe um Rückstufung. Daraus kann man ganz deutlich erkennen, daß ihre Selbsteinschätzung im Verlauf der Therapie sehr realistisch geworden war. Die Gruppe stufte sie auch zurück, damit sie sich in Stufe 2 nochmal besser auf die Stufe 3 und ihre Anforderungen vorbereiten konnte. Der Wunsch, sich selber zurückzustufen, ist sehr selten bei den Klienten zu finden. Viele haben die gleiche Angst vor der Stufe 3 wie Leonore, sind sich dessen aber nicht so bewußt und handeln dann so, daß sie von der Gruppe zurückgestuft werden.

Leonore blieb noch einmal zwei Wochen in Stufe 2 und stellte dann erneut den Antrag auf Hochstufung.

Es schien typisch für sie zu sein, für alles einen sehr langen Anlauf zu brauchen. Sie hatte im Verlauf der Therapie bereits so viel über sich erfahren, daß sie nicht mehr darauf angewiesen war, sich von der Gruppe tadeln zu lassen. Sie konnte sich ihre Sanktionen selbst geben.

In den beiden Wochen, die sie noch in der Stufe 2 verbringen konnte, hatte sie sich mehr mit dem Ablauf und den Kriterien der Stufe 3 vertraut gemacht. Sie fühlte sich nun sicherer und war eher bereit, für die Gruppe verantwortlich zu sein.

Es ist immer wieder erstaunlich, zu beobachten, wie die Klienten ihre Fähigkeiten entfalten.

Leonore entwickelte ein gutes Gespür für Gruppenprozesse und war nach einiger Zeit in der Lage, die Gruppensitzungen selbständig zu leiten.

Die Selbständigkeit zeigt sich auch darin, daß sie nun alleine aus dem Haus gehen und Post ohne Kontrolle erhalten konnte. Mit der Übernahme von Verantwortung wächst auch das Vertrauen in den Klienten. Jetzt muß er in der Lage sein, über sich selbst zu bestimmen und bei Schwierigkeiten von sich aus auf andere zuzugehen und Hilfe zu holen.

Leonore versuchte bei ihren Ausgängen Jugendliche kennenzulernen, die nichts mit Drogen im Sinn haben. Sie traf sich zwar auch mit ihrem Freund in der Nachsorgewohnung, aber seitdem er aus dem Haus ausgezogen war und eine Arbeit hatte, war die Beziehung zwischen den beiden nicht mehr so fest, was Leonore auch sichtlich gut tat. Sie begann nun, ihre Bedürfnisse nach Begegnung und Beziehung auch mit anderen Menschen zu befriedigen.

Sie schloß sich einer Theatergruppe im Jugendzentrum an. Am Anfang führte dies zu einigen Konflikten, da die Stufe-3-Mitglieder der Meinung waren, daß in dem betreffenden Jugendzentrum mit Drogen gehandelt werde. Trotzdem wurde im Vertrauen auf Leonore beschlossen, daß sie weiter mit der Theatergruppe in ihrer Freizeit zusammen sein darf, solange sie sich nicht selbst gefährdet fühlt. Sie versicherte, daß die Mitglieder der Theatergruppe mit Drogen nichts zu tun haben. Vom Team wurde diese Außenorientierung positiv bewertet, da Leonore sich dadurch besser von der Gruppe lösen konnte.

Neben den organisatorischen Tätigkeiten nahm Leonore an dem pädagogischen Programm der Stufe 3 teil. Sie wurde in den allgemeinen Schriftverkehr eingeführt und in formale Dinge, die man im Leben eben auch benötigt. In Rollenspielen wurde Umgang mit Ämtern und Arbeitgebern geprobt.

Leonore machten die Rollenspiele Spaß, da sie sich ja auch innerhalb der Theatergruppe mit dem Spielen von Rollen beschäftigte.

In der Psychotherapie arbeitete sie zu Beginn der Stufe 3 hauptsächlich an der Beziehung zu ihrem Freund. Sie wollte aus dem Abhängigkeitsverhältnis heraus und neue Formen einer befriedigenden Beziehung erlernen.

In dieser Zeit kamen auch ihre sexuellen Schwierigkeiten in den Vordergrund. So war sie nun endlich in der Lage, sich selbst ihre Unfähigkeit zur Hingabe einzugestehen.

„Sich hingeben" war für sie gleichbedeutend mit Schwäche und beinhaltete die Angst, abhängig vom Partner zu werden. Ihre sexuelle Potenz war in erster Linie auf Leistung ausgerichtet. Ihre Gefühle hatte sie jahrelang unterdrückt und so kamen in dieser Phase bei Leonore viele unterdrückte Gefühle wieder hoch. Sie empfand während der Therapiesitzungen intensiv, wieviel Schmerz und Trauer sie in sich festgehalten hatte und daß sie gar nicht der „coole Typ“ war, für den sie sich immer gehalten hatte.

Als ihr Freund die Stufe 4 abschloß und aus der therapeutischen Gemeinschaft auszog, erfuhr sie ganz massive Trennungsängste. Sie war aber nun in der Lage, ihre Trauer auszudrücken. Beim Abschied von ihrem Freund erinnerte sie sich an den Tod ihrer Großmutter, die sie immer sehr geliebt hatte. Sie war damals 14 Jahre alt und nicht in der Lage gewesen, wirklich von ihrer Oma Abschied zu nehmen. Sie hatte ihre Schmerzen verdrängt und überspielt. Dies alles kam nun wieder zum Vorschein. Es bewegte Leonore sehr, als sie entdeckte, wie tief sie empfinden konnte. Diesmal wich sie dem Schmerz nicht aus. Sie stellte sich der Situation und lebte ihre Gefühle aus. Sie fühlte sich danach sehr befreit.

Diese Trauerarbeit führte dazu, daß sie ihre Beziehung zu ihrem Freund distanzierter betrachten konnte und sich innerlich immer mehr von ihm lösen konnte.

An diesem Ablösungsprozeß arbeitete sie eine ganze Zeit lang in der Therapie. Die Ablösung von ihm wurde auch dadurch begünstigt, daß sie sich in der Theatergruppe mit anderen Leuten beschäftigte.

Das Ende der Psychotherapiephase in der Stufe 3 war dann von dem Ablösungsprozeß von der Gruppe geprägt. Sie wurde sich der Verbindung zu dem Ablösungsprozeß in ihrer Familie bewußt, den sie ja nicht konstruktiv bewältigt hatte. Sie war einfach von zu Hause weggelaufen ohne Klärung und Abschied und hatte sich nur noch sporadisch gemeldet.

Der Ablösungsprozeß von der Familie war für sie also wiederum eine unabgeschlossene Situation, die nun in Zusammenhang mit der Ablösung von der Gruppe bearbeitet wurde.

Der Abschied von der Gruppe war für sie ein sehr schmerzliches Erlebnis, dem sie diesmal aber nicht aus dem Weg ging, sondern in und mit der Gruppe bearbeitete.

Neben der Gruppentherapie begann Leonore auch mit Einzeltherapie, die sich über die Stufe 3 bis hin zur Stufe 4 über 40–60 Stunden hinzieht.

In diesen intensiven Therapiephasen beginnt die eigentliche Vertiefung der therapeutischen Arbeit, da hier versucht wird, die neurotischen Muster aufzulösen. In den Einzelstunden werden auch künftige Berufsperspektiven und ganz konkrete Alltagsprobleme besprochen. Dies führt aber schon in die 4. Stufe hinein.

Leonore verabschiedete sich von der Gruppe in einer eigens dafür angesetzten Großgruppensitzung und zog in eine Nachsorge-Wohngemeinschaft ein. Da verschiedene Wohngruppen bestehen, konnte sie sich eine aussuchen und entschied sich für die Leute, mit denen sie sich im Haus immer am besten verstanden hatte. Es waren alles Klienten, die kurz vor ihr die Stufe 3 beendet hatten. Sie lebte nun in einer Kleingruppe mit vier weiteren Klienten.

Zusammenfassend zu Stufe 3 möchten wir aufzeigen, daß sie sich durch ein intensives Einüben und Ausbauen des bisher in der Langzeitbehandlung Gelernten charakterisiert.

Es geht darum, die Persönlichkeit des Klienten so zu festigen, daß das Gelernte integriert werden kann. Der Klient muß lernen, mit sich und seiner Umwelt angemessen umzugehen.

Die Hilfsstrukturen der Therapeutischen Gemeinschaft werden langsam abgelöst durch ein individuelles Wertsystem, das sinnvolles Handeln ermöglichen soll.

Die Psychotherapie ist gekennzeichnet durch Einüben von konstruktivem Verhalten zur Krisenlösung und dem Finden von Möglichkeiten, später auftretenden Krisen zu begegnen.

Während dieser Zeit findet oft eine Neuorientierung in sämtlichen Bereichen statt. So verändern sich Beziehungen hin zu weniger Abhängigkeit und größerer Selbständigkeit. Körperliche Fehlfunktionen werden abgebaut wie z. B. Pickel, bestimmte Haut-Allergien, Menstruationsbeschwerden bei Frauen, Verstopfung und schmerzhafte Verspannung. Hier sieht man am deutlichsten, wie Veränderung sich auch im Körperausdruck zeigt, wie durch Abbau von Körperblockierung auch körperliche Störungen behoben werden.

Leonore veränderte im Laufe der Therapie ihr Eßverhalten und konnte ihren Stuhlgang besser kontrollieren. Es entstand ein Prozeß der „gesunden" Selbstregulation.

Die Lösung von der Gruppe wird zu einem Teil durch die äußere Struktur gefördert. Die therapeutischen Gruppen treffen in der Endstufe der Therapie seltener zusammen und ihre Bedeutung tritt gegenüber einzeltherapeutischen Sitzungen zurück.

Das Verhältnis zur Gruppe wandelt sich im Verlauf der Therapie von einem Gefühl des Ausgeliefertseins zu einer Haltung der eigenverantwortlichen Mitgestaltung des Gruppenlebens.

In den Einzel- und Gruppensitzungen wird die emotionale Beziehung zur Gruppe bearbeitet, um den Klienten ihre Bedeutung für seine Situation und sein Lebensgefühl klarzumachen. In diesem Prozeß des Durcharbeitens können und müssen die Verbindungen zur Primärgruppe (in der Regel die Herkunftsfamilie und sehr nahe Bezugspersonen) hergestellt und für den Klienten einsichtig gemacht werden. Er muß lernen, seine Position innerhalb der Gruppe zu finden und einzunehmen. Die wechselnde Gruppenstruktur in den vier Stufen zeigt dem Klienten die Veränderbarkeit von Gruppen und die Möglichkeit, auch sich selbst zu verändern.

Kontakte außerhalb der Wohngemeinschaft tragen dazu bei, neue Perspektiven zu öffnen, neue Gruppen kennenzulernen und die „Einzigartigkeit“ der eigenen Gruppe zu relativieren.

Der Abschied von der Gruppe als ein Abschied von der „Familie“ muß im Rahmen der persönlichen Entwicklung des Klienten erlebt werden. Diese Erfahrung ist schmerzhaft und löst Angst aus, aber der Klient hat im allgemeinen so viel an Kraft gewonnen, daß er sich damit auseinandersetzen kann. Außerdem steht er immer noch in therapeutischer Betreuung, weil Stufe 4, die Wiedereingliederungsphase, noch bevorsteht.

Stufe 4

Leonore lebte jetzt mit vier anderen Klienten in einem kleinen Haus, 4 km vom *Four-Steps*-Haus entfernt. Sie unterlag nun nicht mehr den Regeln der *Therapeutischen Gemeinschaft,* da sich die Nachsorgegemeinschaften ihre Regeln selber geben.

Die Grundregeln (keinerlei Drogen, keine körperliche Gewalt und keine Suicidversuche) sind jedoch immer noch verpflichtend.

Da die anderen Gruppenmitglieder tagsüber entweder in ihrem Berufspraktikum waren oder eine Schulausbildung nachholten, war sie in der ersten Zeit tagsüber viel allein und besuchte daher häufig die Therapeutische Gemeinschaft, der sie sich immer noch sehr verbunden fühlte.

Gemeinsam mit ihrem Therapeuten suchte sie sich dann aus den Fabriken, mit denen ein Abkommen über ein arbeitstherapeutisches Praktikum besteht, ein Angebot heraus und stellte sich dort vor. Sie wählte eine Kleiderfabrik.

Es war das erste Mal nach sehr langer Zeit, daß sie sich um eine Arbeitsaufnahme bemühte, und sie tat es auch nur, weil die befristete Arbeitsaufnahme in einem Betrieb für einen erfolgreichen Therapieabschluß unerläßlich ist.

Sie zweifelte sehr daran, daß sie für Fabrikarbeit geeignet ist. In der Therapie kam aber dann zum Vorschein, daß sie lieber im behüteten Gruppenverband weiterleben wollte und vor einem selbständigen Leben mit seinen Anforderungen große Angst hatte. Beim Vorstellungsgespräch in der Fabrik mußte sie allen Mut zusammenfassen. Sie machte aber dennoch einen guten Eindruck und wurde eingestellt. Bis zum Arbeitsbeginn hatte sie noch eine Woche Zeit, in der sie versuchte, ihre Ängste und Vorbehalte in den Einzelstunden zu bearbeiten.

Ihre Ängste steigerten sich auch dadurch, daß sie merkte, daß die Kleingruppe ihr nicht mehr denselben Halt wie die Großgruppe geben konnte. Ihre Wohngemeinschaftsmitglieder orientierten sich alle mehr nach draußen, und so war das Gemeinschaftsleben nicht mehr so intensiv. Leonore empfand das „Auf-sich-gestellt-Sein" als eine Bedrohung.

Hier wird deutlich, wie schwierig die Phase der Wiedereingliederung in die Gesellschaft und die damit verbundene Ablösung von der Therapeutischen Gemeinschaft ist. Hier besteht für jeden noch einmal eine massive Rückfallgefahr, und in dieser Zeit tauchen die Gedanken an Drogen oft wieder auf. Man fühlt sich dem Leben nicht gewachsen ohne schützende Instanzen, ohne „Krücken" wie eine Gemeinschaft, eine Sekte oder Drogen. In dieser Zeit ist eine intensive psychotherapeutische Betreuung unbedingt notwendig, um die „Schwellenangst" vor dem Leben zu vermindern, indem man sie bearbeitet und dadurch auf ein Leben in der Gesellschaft vorbereitet.

Leonore ging also mit großen Vorbehalten in das arbeitstherapeutische Praktikum, das sie vier Wochen lang gegen ein geringes Entgelt ableisten mußte. Geld bietet also keinen Anreiz für die Arbeit. Sie wird als Praktikum verstanden und als eine Zeit, in der man seine Belastungsfähigkeit ausprobieren kann, bevor man sich endgültig für einen Beruf und eine Lebensperspektive entscheidet.

Leonore mußte jeden Morgen bereits um 6 Uhr aufstehen. Mit ihr zusammen arbeiteten fast ausschließlich Frauen in dem Betrieb. Die Männer waren in leitenden Positionen angestellt.

Zu Beginn der Arbeit kam Leonore mit allen gut zurecht. Sie hatte zwar nur sehr oberflächlichen Kontakt zu den Arbeiterinnen, aber es war eine freundschaftliche Atmosphäre vorhanden. Mit dem Abteilungsleiter verstand sie sich besonders gut, was ihr mit der Zeit die Ablehnung ihrer Mitarbeiterinnen einbrachte. Nun war die Atmosphäre durch ein Konkurrenzverhalten der Frauen untereinander getrübt.

In den begleitenden Therapiestunden wurde sich Leonore erneut über ihr Verhalten Männern und besonders Vorgesetzten gegenüber bewußt. Wie sie sich bei Beginn der Therapie einen Freund aus Stufe 3 gesucht und sich Vorteile davon versprochen hatte, wie sie versucht hatte, den Therapeuten zu verführen, um von ihm anerkannt zu werden, so versuchte sie jetzt dieses Verhalten einzusetzen, um mit ihrem Praktikum besser zurechtzukommen.

In diesem Stadium des Praktikums, nach etwa eineinhalb Wochen, verlor sie durch ihre Schwierigkeiten am Arbeitsplatz den Mut. Von den Arbeiterinnen wurde sie als Störenfried empfunden. Sie merkte, daß sie mit dem in der therapeutischen Gruppe Gelernten (wie z. B. offen zu sein und Gefühle zu zeigen), im Arbeitsleben nicht zurechtkommen konnte. Hier galten andere Regeln. Sie stand wieder auf der untersten Stufe der Statusleiter und nicht, wie im therapeutischen Rahmen der Stufe 3, ganz oben. Es war für sie wie ein Sprung ins kalte Wasser. Und obwohl sie sich diese Tatsache vor der Arbeitsaufnahme intellektuell bewußt gemacht hatte, war es nun sehr enttäuschend für sie. Mit Hilfe der therapeutischen Bearbeitung schaffte sie es aber dennoch, ihr Praktikum zu Ende zu bringen, was natürlich ein großes Erfolgserlebnis darstellte.

In der Zeit ihres Praktikums wurde ihr dann klar, daß sie eine Fabrikarbeit nicht befriedigt. Die folgenden Einzelstunden verbrachte sie damit, sich eine mittelfristige Lebenspersepktive zu suchen. Für sie war klar, daß sie eine Ausbildung machen wollte. Sie hatte ja nur den Hauptschulabschluß. Ihr war bewußt, daß sie damit immer eine ungelernte Arbeiterin bleiben würde und so entschloß sie sich, in Schorndorf die Mittlere Reife an einer Handelsschule nachzuholen. Dies sollte zwei Jahre dauern. Welchen Beruf sie dann ergreifen wollte, wußte sie noch nicht.

Das arbeitstherapeutische Praktikum hatte ihr also den Antrieb gegeben, sich unbedingt weiterzubilden. Sie bewarb sich an der betreffenden Schule, die ebenfalls mit *Four Steps* zusammen arbeitet. Am Anfang war die Zusammenarbeit sehr schwierig. Die Schulleitung hatte wegen der ehemaligen Drogenabhängigkeit Bedenken und befürchtete einen schlechten Einfluß auf die anderen Schüler, die meist jünger waren als die *Four-Steps*-Absolventen. Sie gaben dann aber einigen Klienten eine Chance, und wegen des Erfolges waren sie von da an bereit, mehrere Klienten aufzunehmen.

Leonore mußte sich auch hier persönlich vorstellen und erhielt die Chance, im nächsten Schuljahr die Ausbildung zu beginnen.

Im privaten Bereich engagierte sich Leonore immer mehr im Jugendzentrum. Sie begann eine Beziehung mit einem Jungen der Theatergruppe, der in einem Nachbarort lebte und eine Schreinerlehre machte.

Leonore überlegte sich, ob sie nach Ablauf der drei Monate in Stufe 4 mit ihm zusammenziehen oder ob sie bei *Four Steps* beantragen solle, weitere drei Monate in der Nachsorgewohnung zu bleiben.

Stufe 4 umfaßt regulär drei Monate, und die Therapie ist mit deren Ablauf und der Erfüllung der Kriterien der Nachsorge beendet. Der Klient hat jedoch die Möglichkeit, nach Aufnahme einer Arbeit oder eines Schulprogramms weitere drei Monate (in Einzelfällen auch länger) zu bleiben.

Sie entschloß sich, mit dem Zusammenziehen erst einmal abzuwarten und die Zeit noch für sich alleine zu nutzen. Außerdem fühlte sie sich sicherer in der Nähe der Einrichtung, da sie die Gemeinschaft immer noch brauchte.

In der Stufe 4 nahm sie auch das erste Mal wieder Kontakt zu ihren Eltern auf. Die meisten Klienten tun dies bereits zu einem früheren Zeitpunkt, oft dann, wenn sie wieder brieflichen und telefonischen Kontakt haben dürfen. Wenn sie dann in Stufe 3 aus der therapeutischen Wohngemeinschaft entlassen werden, fahren viele nach Hause, um einige persönliche Sachen und Möbel für die Nachsorgewohnung zu holen.

Leonore hatte das immer abgelehnt, da sie sich einem Kontakt mit ihren Eltern nicht gewachsen fühlte. Sie nahm lieber mit den Sachen vorlieb, die in der Nachsorgewohnung vorhanden waren und die sie sich selbst gebaut oder angeschafft hatte. Erst in Stufe 4 und nachdem sie ihren Eltern sagen konnte: „Jetzt habe ich es geschafft und sogar eine Zukunftsperspektive", war sie in der Lage, sich einem Treffen zu stellen.

Durch die therapeutische Arbeit sah sie ihre Eltern in einem ganz neuen Licht. Sie wußte, daß ihre Eltern selber enorme Schwierigkeiten hatten und sie ihnen nicht helfen konnte. Sie erkannte, daß Vorwürfe ihr und ihnen nichts nützen.

Der Besuch zu Hause belastete sie sehr, da sie sehr deutlich empfand, wie ihre Eltern aneinander vorbeileben und wie zerstörerisch sie zueinander waren.

Für Leonore bedeutete der Besuch allerdings auch einen Teil des Therapieabschlusses, da sie versuchte, mit ihren Eltern ins Reine zu kommen und das Verhältnis zu ihnen abzurunden.

Bis zum Ende der sechs Monate blieb Leonore also in der Nachsorge-Wohngemeinschaft und hatte trotzdem intensiven Kontakt mit *Four Steps*, da sie regelmäßig einmal in der Woche zu Einzelstunden kam.

Zusammenfassend zur Stufe 4 möchte ich sagen, daß diese Zeit durch ein intensives Vorbereiten auf den Eintritt in die Gesellschaft geprägt ist.

Der erste Schritt dazu ist die Aufnahme eines arbeitstherapeutischen Praktikums und die Erarbeitung einer Lebensperspektive (Beruf, Lebensform, Partnerschaft).

Der Klient kann selbst entscheiden, ob er sich bereits nach Ablauf der Stufe 4 von der Therapeutischen Gemeinschaft trennen oder den schützenden Rahmen noch weiter in Anspruch nehmen will. Verläßt er die Einrichtung bereits nach drei Monaten, geschieht in dieser Zeit eine intensive Bearbeitung des Ablösungsprozesses von der Gemeinschaft und dem Therapeuten. Bleibt er länger, ist der therapeutische Prozeß geprägt von der Lösung von Alltagsproblemen, dem Kontakt mit der Umwelt und den durch Außenanforderungen auftretenden Krisen und Problemen.

Die Berufsfindung geschieht im allgemeinen mit Hilfe des Arbeitsamtes und in therapeutischen Gesprächen. Es werden erstmals wieder Kontakte mit Behörden aufgenommen. Leonore mußte sich mit ihrer Bewährungshelferin in Verbindung setzen. Richter und Staatsanwalt beschlossen nach deren positivem Bericht, die Reststrafe endgültig auf Bewährung auszusetzen.

Im allgemeinen bleiben die Klienten länger als drei Monate in den Nachsorge-Wohngemeinschaften, und die meisten suchen sich in der Nähe Arbeit oder Ausbildung. Deshalb ist auch eine nachgehende Betreuung gewährleistet.

Die Klienten können in Krisensituationen jederzeit (auch nach mehreren Jahren) auf die Therapeutische Gemeinschaft zurückgreifen. Ziehen sie allerdings in ihre Heimatorte zurück, z. B. nach Hamburg, ist eine Nachbetreuung erheblich schwieriger. Der Klient ist, falls keine Kontakte zu den ortsansässigen Beratungsstellen und Einrichtungen bestehen, auf sich alleine gestellt und muß auch alleine zurechtkommen.

Ablösung

Nachdem Leonore nun ihre Perspektive mit der weiterführenden Schulausbildung gefunden hatte, arbeitete sie in erster Linie an der endgültigen Abnabelung von der Therapeutischen Gemeinschaft.

Dieser Übergang ist gleichbedeutend mit einem Prozeß des Wachstums, mit dem Erwachsenwerden und dem Loslösen von der Kindheit. Die Lösung kann nur verwirklicht werden, wenn der Klient in der Lage ist, ohne Krücken zu leben. Sonst ist es ihm nicht möglich, das „Auf-sich-gestellt-Sein" zu ertragen.

Ablösung heißt, eine Grenze zwischen mir und anderen ziehen zu können. Da diese Fähigkeit bei Drogenabhängigen aufs schwerste gestört ist, dürfte das Problem der Ablösung auch das schwierigste in der Therapie sein. Die scheinbare Unlösbarkeit des Problems hat bei S y n a n o n und anderen therapeutischen Programmen dazu geführt, die „Lösung" in der lebenslangen Abhängigkeit von der Gemeinschaft zu suchen.

Manchen Menschen wird eine solche Bindung gerecht werden. Es entspricht aber nicht den Therapiezielen vom Aufbau stabiler Ich-Grenzen und der Fähigkeit, sich angemessen zu binden und zu lösen.

Four Steps betrachtet die Ablösung von der Gemeinschaft und die kreative Möglichkeit der Selbstregulation als eine ihrer grundsätzlichen therapeutischen Aufgaben, auch wenn der Klient in eine Gesellschaft entlassen wird, die mit zu seiner Lebensunfähigkeit beigetragen hat. Das Ziel der Therapie bei Four Steps ist, mit dem Leben und mit den gesellschaftlichen Bedingungen umgehen zu lernen.

Die Ablösung geschieht auf verschiedenen Ebenen. Zum einen ist die Ablösung von der Gruppe notwendig. Dies wird ja bereits beim Übergang in die Stufe 4 teilweise vollzogen.

Bei der endgültigen Abnabelung ist die Lösung vom Therapeuten äußerst wichtig. In diesem langen Prozeß muß der Klient erkennen, welche Bedeutung der Therapeut für ihn hat. Er muß seine emotionale Beziehung zu ihm klären und die Ängste zulassen, die der Abschied vom Therapeuten mit sich bringt. Im Verlauf eines therapeutischen Prozesses wächst der Klient, und der Therapeut verliert an Bedeutung. Die Übertragungen des Klienten werden nach und nach aufgedeckt und machen einem realeren Bild des Therapeuten Platz. Allerdings muß der Therapeut dies zulassen. Es ist wichtig, daß er seinen Klienten „gehen“ läßt. Der Klient muß lernen, daß er den Halt, den er beim Therapeuten zeitweise erfahren hat, nun bei sich selber finden kann und muß.

Ein anderer Ablösungsprozeß ist der von den Örtlichkeiten und der Institution als Ganzes. Jeder weiß, mit welch intensiven Gefühlen Häuser, Gärten, Hinterhöfe, Wohnräume und Gegenstände aus der Kindheit besetzt sind. Dies war mit ein Grund, weshalb Leonore zu Beginn des Ablösungsprozesses noch sehr oft in die Einrichtung kam. Sie hatte sich dort „zuhause" gefühlt. Das Haus hatte ihr Sicherheit und Schutz gegeben, und die neue Situation, in die sie eintrat, war fremd und ungewiß. Die Wohngemeinschaft hat also im Verlauf der Therapie für die meisten Klienten die symbolische Bedeutung von Schutz, Sicherheit, Geborgenheit und Hilfe bekommen.

Die Ablösung ist schmerzhaft, doch wenn der Klient in der Lage ist, sich diesen Gefühlen zu stellen, hat er die Chance, ein neues Leben ohne Drogen und ohne psychotherapeutische Stützen zu führen.

Da Leonore drei Monate länger in der Einrichtung blieb und ihr Schulbeginn am Ende dieser Frist lag, hatte sie genügend Zeit an diesem Ablösungsprozeß zu arbeiten.

Nach 16 Monaten Therapie zog sie allein in eine eigene Wohnung am Stadtrand von S. und begann ihre Schulzeit.

Sie mußte in der Folgezeit noch einige Krisen bewältigen. Die hohen Leistungsanforderungen machten ihr zu schaffen, und die Klassengemeinschaft bot ihr keinen Halt. Sie hatte Schwierigkeiten, anerkannt zu werden.

Sie nahm nach ihrem Schulantritt noch eine Zeitlang an ambulanten Gruppen mit ehemaligen Klienten teil.

Einmal wurde sie rückfällig, was aber nicht in Zusammenhang mit einer schwierigen Situation geschah. Sie wollte, wie viele andere Klienten auch, einmal ausprobieren, wie die Droge nach Beendigung der Therapie auf sie wirkt. Nach dieser Erfahrung, die ihr offensichtlich nichts gebracht hatte, nahm sie keine Drogen mehr. Sie neigte allerdings dazu, in schwierigen Situationen, wie z. B. bei Prüfungsstreß, etwas mehr als gewöhnlich Alkohol zu konsumieren. Doch konnte sie den Konsum regulieren und in Grenzen halten.

Vor kurzem hat sie ihre Mittlere Reife bestanden und plant in S. eine Lehre als Restaurateur zu beginnen.

Mit ihrem Freund aus der Theatergruppe ist sie immer noch zusammen und möchte nun auch mit ihm zusammenleben, obwohl ihre Beziehung zu Männern immer noch recht problematisch ist.

Durch die Therapie hat sie erfahren, wie sie ihr Leben anders gestalten kann und welche Möglichkeiten der Konfliktbewältigung ihr zur Verfügung stehen. Sie ist sich ihrer neurotischen Muster bewußter geworden und konnte sie in ihren Ansätzen angehen. Was sie in ihrem Leben erfahren und erlebt hat, wird aber immer in ihr vorhanden sein. Sie kann ihre Probleme nicht „wegmachen“, sondern hat durch die Therapie Möglichkeiten gelernt, damit besser umzugehen.

Außerdem hat sie gelernt, daß ihr Leben sich nicht durch ein Jahr Therapie radikal verändert, sondern daß die Änderung eine Lebensarbeit sein wird. Die Therapie hat lediglich die Grundsteine dazu gelegt.

Im Verlauf der Therapie sind ihr viele Illusionen genommen worden. Dadurch ist sie in ihrer Einschätzung zu sich selbst, zu anderen und zu ihrer Umwelt realistischer geworden.

Sie hat durch die Therapie begriffen, daß das Leben manchmal „hart“ ist und daß man es durch Träumereien nicht bewältigen kann. Um in unserer Gesellschaft leben zu können, ist ein hohes Maß an Belastbarkeit notwendig. Wer zu verletzlich ist, gerät schnell an den Rand der Gesellschaft.

Nach jetzt zweijähriger Drogenstabilität kann man bei Leonore von einem Therapieerfolg sprechen.

Sie wird es aber, wie alle Randständigen, immer wieder schwer haben und dagegen ankämpfen müssen, den leichten Weg des geringen Widerstandes durch die Betäubung mit Drogen abzulehnen. Durch unsere gesellschaftlichen Bedingungen wird sie es besonders schwer haben, sich im Leben zurechtzufinden.

Immer wenn ich trinke...
habe ich das angenehme Gefühl...
daß die ganze böse Welt...
um mich herum versinkt.
MORDILLO

Heinz Körner

Wegwerfmenschen?

Ein Briefwechsel

Der folgende Briefwechsel zwischen Peter und seinen Eltern ist Dichtung. Solche Briefe werden in der Realität zwischen einem inhaftierten Fixer und seinen Eltern äußerst selten geschrieben. Die Inhalte der Briefe sind allerdings Wahrheit; das heißt, sie beruhen allesamt auf realen Erfahrungen und Vorkommnissen. Zahlreiche Gespräche mit jungen Drogenabhängigen und ihren Eltern wurden ebenso verarbeitet wie persönliche Erlebnisse und Erfahrungen vieler Kollegen.

Liebe Eltern! 12. 5. 1980

Ihr seid sicher ebenso fassungslos wie viele andere Eltern vor der Entdeckung gestanden, daß Euer Sohn ein Fixer ist und jetzt auch noch im Knast sitzt. Vielleicht habt Ihr Euch gefragt, was Ihr falsch gemacht habt? Und Du, Mutter, wirst Dich zum tausendsten Male gefragt haben, womit Du das bloß verdient hast.

Ihr könnt sicher sein, daß es auch für mich im wahrsten Sinne des Wortes ernüchternd war. Plötzlich wurde mir klar, auf was ich mich eingelassen hatte; und ich kann Euch sagen, daß ich heilfroh bin, vielleicht gerade noch rechtzeitig erwischt worden zu sein. Wenige Wochen später – und ich hätte möglicherweise nicht mehr so klar erkennen können, wo ich stehe.

Jetzt werde ich vermutlich für einige Monate „sitzen". Anschließend fange ich gar nicht erst wieder mit dem Knallen an. Und hier im Knast, wo ich recht leicht an Stoff kommen könnte, will ich auch unbedingt sauber bleiben. Ich habe gemerkt, daß ich mich überschätzt habe, daß das Gift doch stärker ist als ich.

Ich glaube, dies war auch der Punkt, der meine Gedanken noch einmal ins Rollen gebracht hat, der meinen letzten Funken Verstand bewahrt hat: Die Tatsache, daß ich mich ganz bewußt mit Rauschgift eingelassen habe. Ich kann nicht darauf verweisen, daß ich keine Ahnung hatte – im Gegenteil. (Außerdem kann das heutzutage sowieso keiner mehr: die Wirkung von Heroin wird ja in jeder Zeitung, im Fernsehen und überall genauestens beschrieben!)

Wißt Ihr noch, wie oft ich Euch vorgeworfen habe, daß Ihr eine spezielle Begabung dafür habt, vor offensichtlichen Realitäten die Augen zu verschließen? Ich bin keinen Deut besser. Ihr könnt mir glauben, daß diese Erkenntnis ein ganz schöner Schock für mich war. Als mir so nach und nach (ich habe hier ja Zeit zum Denken) meine Situation deutlich wurde, bin ich auf viele Gedanken gestoßen, die ich Euch mitteilen will. Es ist vieles dabei, das Euch gar nicht passen wird. Doch will ich niemandem, am wenigsten Euch, einen Vorwurf machen. Ich weiß, daß Vorwürfe niemals etwas nützen; Ihr habt das ja an mir gesehen. Ich will mir also nur mal einiges von der Seele schreiben, mit Euch ins Gespräch kommen, nach Ursachen suchen. Ich hoffe deshalb, daß Ihr auf diesen Brief eingehen und nicht nur empört und verletzt reagieren werdet. Ich brauche die Auseinandersetzung mit Euch, Eure Stellungnahmen und Eure Ehrlichkeit. Gebt mir diese Chance, ich bitte Euch darum!

Ich betone es nochmal: Es geht nicht um Vorwürfe. Ich habe mir ganz allein die Nadel in die Vene gehauen, es war weder die Gesellschaft noch sonst irgend jemand. Sicher, Ursachen gibt es viele, aber ich hätte auf alles auch andere Möglichkeiten gehabt, zu reagieren. Ich habe sie nur nicht gesehen oder – so wie Ihr es auch oft macht – einfach nicht sehen wollen.

Ich merke eben, daß mir der Anfang schwer fällt. Ich habe Angst, es könnte ein Schuß ins Leere werden. Ich kann mir Euer Kopfschütteln und Eure Aufregung gut vorstellen. Aber ich will tun, was mir immer schwer gefallen ist: die Zähne zusammenbeißen und das tun, was ich mir vorgenommen hab'. Bisher war das wirklich nicht meine Stärke; die Flinte hab' ich schon allzuoft ins Korn geworfen.

Eigentlich will ich nur etwas erklären oder es zumindest versuchen. Droge, Sucht, – das sind ja Wörter, die in Euren Ohren klingen wie Terror, Verbrechen, ja noch schlimmer: wie Sex! Ja, ob Ihr es nun gern hört oder nicht, ich hatte immer den Eindruck, daß Sexualität für Euch schlimmer ist als Krieg, Mord und Totschlag. Stundenlang habt Ihr mit mir zum Beispiel über Terrorismus gestritten. Unendlich konnte Papa vom Krieg erzählen. Aber wehe, wir Kinder wollten mal über Sex reden. Krimis und Kriegsfilme im Fernsehen durfte ich ohne größere Probleme anschauen; kam aber mal eine „gewagte" Sex-Szene, hättet Ihr Euch mal erleben sollen. Na ja, ich will nur erläutern, daß Drogen auf den ersten Blick für Euch etwas ganz Schlimmes sind und nicht über Sex schreiben, obwohl da ein Zusammenhang besteht, den

Ihr auch einmal sehen müßt. Wer nämlich lernt, seine sogenannten schlechten und verbotenen Gefühle zu unterdrücken und zu kontrollieren, der kriegt auch Probleme mit den erlaubten Gefühlen. Und wer mit seinen Gefühlen nicht umgehen kann oder vielleicht gar keine mehr wahrnimmt, der mag zwar in diese Welt passen, aber ob er noch menschlich ist? Ich jedenfalls habe gemerkt, daß ich vieles scheinbar nicht mehr fühlen kann, vielleicht noch nie konnte. Freude zum Beispiel, Zärtlichkeit, Geborgenheit, all das kenne ich kaum. Ich hab' solche Gefühle auch niemals bei Euch erlebt. Wo hätte ich lernen können, damit umzugehen?

In den seltenen Augenblicken, in denen plötzlich Gefühle über mich hereinbrachen, war ich ihnen hilflos ausgeliefert. Ihr kennt ja meine Wutanfälle, meinen Jähzorn, meine Spinnereien. Egal, was es für Gefühle waren, ich bin immer gleich ausgeflippt, ich habe immer maßlos übertrieben. Wenn ich verliebt war, hielt ich es gleich für die größte Liebe aller Zeiten, bis ich auf die Nase fiel. Wenn ich zornig war, wurde ich gleich gewalttätig. Wenn ich frei sein wollte, empfand ich gleich alles als Zwang, was mir gerade in den Weg kam. Ich werde lange brauchen, um endlich zu lernen, mit meinem Innenleben zurechtzukommen. Ihr hättet es mir ruhig beibringen können!

Jedenfalls hat diese Unfähigkeit noch andere Folgen gehabt: Wenn ich Ungerechtigkeiten erlebe, ist das für mich so verletzend, so gemein, daß ich am liebsten alles mit einem Maschinengewehr niedermähen würde. Und Gemeinheit, Feigheit, Ungerechtigkeit – das kann man mit wachen Augen jeden Tag hundertfach erleben. Was macht man da mit seiner Wut? Mit Euch konnte ich nicht darüber reden. Eure Antworten waren keine. Was soll man auch mit Sätzen anfangen wie „Das gab es schon immer und wird auch immer so bleiben" oder „Damit mußt Du Dich eben abfinden?" Es soll ja nicht so bleiben, ich will mich ja nicht damit abfinden!

In den letzten Jahren, ja – eigentlich seit ich denken kann, habe ich so vieles erlebt, das so gemein, so feige, so hinterhältig und ungerecht war, daß ich nicht anders konnte, als mit dem Fühlen aufzuhören. Entweder ich wäre so wütend in meiner Hilflosigkeit und meinem blinden Zorn gewesen, daß ich zum Verbrecher geworden wäre – oder ich mußte mich betäuben. Und damit stehe ich ganz bestimmt nicht alleine da. Wenn Ihr mal ganz ehrlich seid, geht es Euch nämlich genauso. Was Du, Papa, an Deinem Arbeitsplatz oft erlebt hast, ging Dir ganz schön an die Nieren. Und wie Dir, Mutter, von Papa und Deinen Kindern manchmal mitgespielt wurde, war auch oft gemein und verletzend, oder nicht? In solchen Situationen macht Ihr nichts anderes, als es im Grunde jeder Fixer tut, der nicht nur aus purer Abenteuerlust oder Neugier drückt: Ihr betäubt Euch, Ihr nehmt Drogen.

Ich kann mir richtig vorstellen, wie Ihr jetzt nach Luft schnappt. Deshalb will ich ganz ausführlich erklären, was ich meine. Und ich hoffe, daß Ihr mich dann besser versteht, es nicht mehr so schlimm findet, wenn Euer Sohn Drogen genommen hat. Ihr werdet staunen, mit wieviel „Drogen" und „Süchten" Ihr Euch über Wasser halten müßt.

Es fängt damit an, daß Du, Papa, unbedingt mit dem eigenen Auto ins Geschäft fahren mußt. Du könntest leicht und oft schneller mit der Straßenbahn fahren oder mit Arbeitskollegen, die den gleichen Weg haben. Dir ist aber Dein Status wichtiger. Ist das nicht auch eine Sucht, wenn man auf sein Auto auf keinen Fall verzichten kann? Ist das nicht Abhängigkeit?

Abends muß dann immer noch groß gegessen werden. Ihr wißt genau, daß es nicht gesund ist, abends noch üppig zu essen. Und Papa hat es oft zu spüren bekommen, wenn er danach ein oder zwei Schnäpse brauchte. Gut, das Essen ist keine Sucht, aber kaputt macht man sich auf diese Art auch. Und die Schnäpse nach dem Essen – das ist Gift. Alkohol ist eine Droge, das wißt Ihr genau! Und die Folgen dieser Droge sind unübersehbar. Zwei Millionen sollen angeblich alkoholsüchtig sein. Was glaubt Ihr, wie viele an einem Leberschaden draufgehen? Das geht in die Tausende und ist mit der Zahl der toten Fixer nicht zu vergleichen. Und denkt an die Verkehrsunfälle, die Betrunkene verursachen, oft mit tödlichen Folgen für Unschuldige! Wenn ich die Toten und Verletzten zusammenzähle, die durch die Droge Alkohol entstanden sind, komme ich auf Zahlen, die von Fixern nie erreicht werden. Ja, liebe Eltern, diese Droge nehmt auch Ihr, vor allem Du, Papa!

Nach den Schnäpsen geht's nämlich vor dem Fernseher weiter mit drei, vier, manchmal fünf Flaschen Bier. Und wehe, es ist mal versehentlich kein Bier da! Auch das Fernsehen: Fast jeden Abend schimpfst du über das Programm, Papa, aber ansehen mußt Du es bis zum

Schluß (wenn Du nicht vorher einschläfst). Und ich kann mich an keinen Abend erinnern, an dem nicht der Fernseher gelaufen ist. Ist das nicht auch schon eine Sucht, eine Betäubung? Man kann durch Fernsehen sehr gut die Gedanken verdrängen, die einem so kommen, wenn man mal still ist. Ich weiß das von der Musik, denn ich habe es damit genauso gemacht. Aber ich kann es jetzt wenigstens zugeben, daß auch das eine Sucht war: Die Sucht, auf keinen Fall zur Ruhe zu kommen.

Ich darf Dich nicht vergessen, Mutter. Abends pflegst Du nämlich noch durch die Wohnung zu rasen und zu putzen, wo es meist gar nichts mehr zu putzen gibt. Ich weiß noch gut, daß ich manchmal gesagt habe, Du bist putzsüchtig. Fällt Dir was auf: Putz*süchtig*! Wer weiß, was Du in Wirklichkeit alles wegputzen wolltest? Deine Unzufriedenheit mit dem Leben, das Du Dir auch mal ganz anders vorgestellt hattest? Die Langeweile? Den Ärger mit Papa, mit den Kindern? Auf diese Art kann man solche Dinge nicht wegwischen; die kann man nur ändern.

Ich muß ja eigentlich mit solchen Feststellungen sehr zurückhaltend sein. Trotzdem ist es die Wahrheit. Und Ihr selbst habt oft zu mir gesagt: Was wahr ist, ist wahr! Und jetzt sei ehrlich, Mutter: Du hast Dich oft mit Deinen Tabletten getröstet, mit Deinem Valium und Librium und wie das Zeug sonst noch heißt. Das ist nichts anderes, als wenn einer Heroin drückt, es ist nur nicht verboten. Während ich zu meinem Dealer mußte, kriminell wurde, konntest Du Dir Deine Drogen ganz legal von Deinem Arzt holen.

Da fällt mir Oma ein. Als sie gestorben war, haben wir in ihrer Wohnung ein Arzneimittellager gefunden, das jedem Junkie das Herz hätte höher schlagen lassen. Ihr habt Euch damals gewaltig aufgeregt, das weiß ich noch genau. Gegen Omas Hausarzt wolltet Ihr gerichtlich vorgehen, habt dann aber doch nichts unternommen. Wahrscheinlich hättet Ihr auch nichts erreicht. Wenn ich daran denke, daß dieser Arzt so viel Schlaf- und Beruhigungstabletten verschrieben hatte, daß Oma sich x-mal hätte umbringen können! Bedenkenlos hat er Ihr Rezepte ausgestellt, so viele, daß sich sogar manche Apotheken geweigert haben, die Medikamente rauszurücken, könnt Ihr Euch erinnern? Und dieser Arzt war auch noch Stadtrat, Mitglied einer „christlichen“ Partei. Ich muß hier im Knast sitzen, und der läuft frei rum, genießt wahrscheinlich großes Ansehen im Ort. Für mich ist er ein ganz gewöhnlicher Dealer. Er hätte Oma jederzeit zu einem Psychologen überweisen können mit ihren Depressionen, aber dazu war er wohl zu sehr aufs Geld versessen. Mensch, wenn ich mir vorstelle, daß ich auf ein Gerichtsverfahren warte wegen Verstoß gegen das Betäubungsmittelgesetz . . .

Seht Ihr, liebe Eltern, wie ähnlich wir uns eigentlich sind? Ihr seid unauffälliger, Eure Drogen sind „normal“, Ihr könnt nicht straffällig werden. Auch auf Eure Dealer hat es niemand abgesehen. Und Eure Drogen wirken nicht so verteufelt schnell wie meine. Alkoholiker und Tablettenschlucker erscheinen jahrelang nach außen wie normale Bürger, gehen arbeiten, können Ihre Sucht oft sehr lange verheimlichen. Heroin hat nicht so viel Geduld; es macht Dich schneller fertig. Ich hab' auch gedacht, von zwei, drei Schuß werd' ich nicht süchtig. Denkste!

Übrigens will ich mein Schwesterherz nicht vergessen, Euer Lieblingskind. Glaubt Ihr, es ist gesund, wie sie lebt? Verläßt jeden Morgen das Haus nur mit Kaffee und Rauch im Magen? Kann ohne Zigaretten und Kaffee nicht mehr leben! Und wie Sabine sich immer „aufdonnert", kommt mir nicht mehr wie Schmücken vor, sondern wie Sucht. Ohne Make-up traut die sich ja nicht mehr aus dem Haus. Durch ihren ungesunden Lebenswandel macht sie ihre Haut kaputt und schmiert dann zentimeterweise Schminke drauf, damit 's niemand merkt. Außerdem muß sie immer top-modisch angezogen sein, Euer Musterkind. Wenn sie mal nicht die erste mit der Mode war, mußte sie gleich zwei Tage lang Kopfschmerztabletten schlucken (auch eine Sucht!). Aber ich merke, daß mein Ton ein wenig gemein wird. Ich hab' wohl noch lange nicht überwunden, daß Sabine Euer Goldkind ist, und ich das schwarze Schaf. Aber wahr bleibt, daß auch sie ihre Krücken hat, ohne die sie umfallen würde.

So, ich hoffe, daß ich Euch ein wenig erklären konnte, wie ich die Sache mit den Drogen sehe. Ich vergesse dabei nicht, was ich angestellt habe; ich will auch nichts entschuldigen oder rechtfertigen. Aber erklären – das will ich; und ich hoffe, es ist ein bißchen gelungen. Ich bin sehr gespannt auf Eure Antwort. Schreibt bitte bald!

Trotz allem, Euer Peter.

Mein lieber Junge! 4. 6. 1980

Papa schaut sich im Fernsehen gerade ein Fußballspiel an und so finde ich Zeit, auf Deinen Brief zu antworten. Du weißt ja, daß ich solche Sachen immer erledigen muß; Papa schreibt nicht gern.

Dein Brief hat uns einerseits sehr gefreut. Es ist für Eltern immer schön, Post von ihren Kindern zu bekommen, selbst wenn es aus dem Gefängnis ist. Andererseits hast Du Dinge geschrieben, die uns doch sehr geärgert haben. Papa hat sich fürchterlich aufgeregt; Du kennst ihn ja. Wahrscheinlich meint er das gar nicht so. Er hat mir auch gesagt, ich soll Dir trotz allem Grüße bestellen, und wenn Du wieder heim kommst, kriegst Du von ihm erstmal eine Tracht Prügel.

Ja, mein lieber Junge, es war ein harter Schlag, als wir erfahren haben, daß Du verhaftet worden bist. Aber wir haben ja immer schon gesagt, daß es noch einmal ein schlimmes Ende nehmen wird, wenn Du so weiter machst. Vielleicht ist es Dir eine Lehre.

Mit dem Rauschgift kennen Papa und ich uns nicht so aus. Sabine hat gemeint, Du sollst nicht so einen Blödsinn schreiben. Außerdem müßtest Du Dich an Deine eigene Nase fassen. Was Du aber geschrieben hast über uns, daß auch wir manchmal Drogen nehmen und all dies, geht wirklich zu weit. Du weißt ganz genau, daß das einfach nicht stimmt. Laß doch dem Papa sein Bier; er ist ja nie betrunken wie andere Männer; und solange er es zu Hause trinkt, geht es ja noch. Und das mit dem Fernsehen stimmt zwar schon, aber Du weißt genau, daß er abends von der Arbeit ganz fertig und froh ist, wenn er seine Ruhe hat. Es ist schon allerhand, das Fernsehen mit Rauschgift zu vergleichen, wie Du es tust! Also das stimmt auf gar keinen Fall.

Was Du über die Hausarbeit schreibst, ist auch nicht gerade nett. Du glaubst gar nicht, was eine Hausfrau und Mutter alles zu tun hat; und Ihr Kinder habt einem ja nie geholfen und bei jeder Kleinigkeit gleich gemeckert. Da habe ich eben oft abends noch zu tun; und Du kannst es doch Deiner Mutter nicht zum Vorwurf machen, daß sie die Wohnung sauber hält. Na ja, mag ja sein, daß ich manchmal ein bißchen pingelig bin, aber putzsüchtig bin ich nun wirklich nicht.

Das mit meinen Tabletten ist überhaupt nicht wahr. Wenn ich mal Kopfschmerzen habe oder einfach nicht einschlafen kann, brauche ich eben mal eine, da ist doch nun wirklich nichts dabei. Schließlich muß ich am nächsten Tag wieder fit sein.

Aber ich kann begreifen, daß Du solche Sachen schreibst. Was Du gemacht hast, ist bestimmt nicht gerade schön, und Du machst Dir sicher viele Vorwürfe. Da denkt man so allerhand und sucht die Schuld bei allen möglichen. Du hast zwar geschrieben, daß Du uns keine Vorwürfe machen willst, aber uns auf eine Stufe mit Deinen rauschgiftsüchtigen Freunden zu stellen, das ist ja doch auch ein Vorwurf, oder nicht? Ich kann mir schon vorstellen, wie Dir im Gefängnis zumute ist, deshalb bin ich Dir auch nicht böse wegen Deinem Brief. Du schreibst ja selber, daß Du schnell wütend wirst; das war schon immer so. Du bist dann gleich immer furchtbar ungerecht und übertreibst auch.

Von Oma hast Du auch geschrieben, und das finde ich gar nicht recht von Dir. Wir haben uns damals alle aufgeregt, und es war natürlich nicht schön, das mit den Tabletten. Aber das ist lange vorbei, und nun laß Oma mal in Frieden ruhen. Es hat doch jetzt keinen Sinn, alte Sachen wieder aufzuwärmen.

Ich schicke Dir noch ein paar Sachen zum Anziehen und zum Essen, und so bald wir können, kommen wir Dich besuchen. Es ist ja leider ein ganz schönes Stück bis zu diesem Gefängnis, und Du weißt ja, daß Papa am Wochenende nicht gerne so weit fährt.

Paß gut auf Dich auf. Wir haben Dich immer noch lieb und Du kannst immer zu uns kommen. Und was Papa so redet, mußt Du nicht so ernst nehmen, der meint das nicht so. Ja, und die alten Sachen und das mit den Drogen, das laß lieber mal ruhen. Es ist so schon schlimm genug.

Deine Mutter.

Liebe Mutter, lieber Vater, 9. 6. 1980

ich möchte mich sehr für Euren Brief bedanken. Es tut gut, ein Lebenszeichen von seiner Familie zu bekommen, wenn man im Gefängnis sitzt.

Was Du, liebe Mutter, in Deinem Brief geschrieben hast, ist typisch. Man könnte fast sagen, daß nichts anderes zu erwarten war. Ich habe Euch recht lange nicht mehr gesehen; vielleicht hatte ich deshalb vergessen, wie wenig Ihr in der Lage seid, mit Kritik umzugehen, unangenehme Themen zu diskutieren und einmal neue Gedanken zu betrachten. Fällt es Euch immer noch so schwer, eine ehrliche und offene Auseinandersetzung zu führen? Müßt Ihr noch immer alles möglichst schnell und unauffällig unter den Teppich kehren?

Es mag ja sein, daß die eine oder andere Kritik etwas hart war. Aber ihr könnt in jedem Fachbuch nachlesen, daß Alkohol, Nikotin und Schlaftabletten auch Drogen sind. Auch diese Rauschgifte kann man mißbrauchen. Natürlich ist Papa kein Säufer wie es Millionen andere gibt. Und Du, Mama, bist selbstverständlich nicht tablettensüchtig. Aber es ist auch nicht so, daß Ihr nur sinnvoll mit Euren Drogen umgeht. Hin und wieder mißbraucht Ihr sie wie meine rauschgiftsüchtigen Freunde, und wie ich es getan habe.

Das ist übrigens ein ganz wichtiger Punkt, den ich vielleicht nicht deutlich genug erklärt habe. Alle Gifte, die in der Natur vorkommen, sind ja auch Medikamente oder Hilfsmittel, wenn sie an der richtigen Stille in der richtigen Dosis eingesetzt werden. Das gilt für Nikotin und Alkohol ebenso wie für Haschisch und Heroin und natürlich auch für Fernsehen, Geld, Macht, Sauberkeit und so weiter. Nicht die Stoffe an sich, nicht die Mittel sind das Problem, sondern die Menschen, die damit nicht umgehen können. Wer in Ruhe abends einmal seinen Wein trinkt oder zum Schnitzel ein Bier, der ist noch lange kein Alkoholiker. Ich finde aber, das gilt auch für jemanden, der hin und wieder mal Haschisch raucht und es nicht jeden Tag wie ein Süchtiger braucht. Heroin wird in der Medizin als Betäubungsmittel verwendet (dort heißt es Morphium, das ist fast genau dasselbe), es leistet wichtige und nützliche Dienste. Nicht jeder, der irgendwann mal mit einem Rauschgift in Kontakt kam, muß gleich abhängig davon werden.

Das Schlimme ist, daß zu viele glauben, sie würden ihre Grenzen und Fähigkeiten kennen und sich dabei gewaltig überschätzen. So ging es mir, und ich hab' ja schon geschrieben, daß ich hoffentlich daraus gelernt habe. Mit Heroin zurechtzukommen, ist sehr schwer; ich kenne niemanden, der es schafft, davon nicht vollkommen abhängig zu werden. Ein paar Ärzte oder Künstler soll es geben, die das schaffen, aber vielleicht ist das auch nur ein Gerücht.

Das Problem ist also nicht die Droge, sondern die Menschen, die Drogen nicht gebrauchen, sondern mißbrauchen. Fernsehen ist natürlich kein Verbrechen, auch nicht eine Kopfschmerz- oder Schlaftablette – die Abhängigkeit davon, das ist schlimm. Süchtig zu sein, liebe Eltern, bedeutet nichts anderes, als von einer Sache oder einem Mittel abhängig zu sein. Wer ohne Alkohol, ohne Haschisch, ohne Zigaretten, ohne Auto, ohne Fernsehen und ohne Heroin nicht mehr sein kann, der ist abhängig. Und ich glaube, es gibt eine Menge Dinge in Eurem Leben, von denen Ihr nicht mehr lassen könnt.

Es gibt ein treffliches Beispiel dafür, wie wenig der Mißbrauch von Drogen mit ihrem sinnvollen Gebrauch zu tun hat: die Indianer! Ihr werdet staunen, aber tatsächlich haben die Indianer in Nord- und Südamerika seit Jahrhunderten intensive Erfahrungen mit Drogen, die hierzulande als gefährlich und sehr stark gelten. Ich denke an Meskalin, das in seiner Wirkung am ehesten dem LSD gleicht, von dem Ihr sicher schon gehört habt. Es erzeugt Halluzinationen, die je nachdem wunderschön oder schrecklich sein können. Die Indianer sind mit diesem Rauschgift und vielen anderen (meist aus irgendwelchen Pilzen und Kakteen gewonnen) Jahrhunderte sinnvoll und nutzbringend umgegangen. Entweder wurden wie in unserer Medizin diese Gifte von den Medizinmännern als Arznei verwendet oder in religiösen Zeremonien zur „Bewußtseinserweiterung". Den Tabak haben wir ja auch von den Indianern; sie haben ihn z. B. für die „Friedenspfeifen", also auch für bestimmte Zeremonien gebraucht. Soweit mir bekannt ist, hatten die Indianer aber nie ernsthafte Probleme mit Drogenabhängigen – bis die Weißen kamen. Die haben ihnen ihr Land genommen, haben geraubt, gemordet, vergewaltigt und sie regelrecht auszurotten versucht. Kein Wunder, daß die Indianer plötzlich nicht mehr mit der Welt zurecht kamen. Später haben sie dann, entwurzelt und verzweifelt wie sie waren, angefangen mit Drogen Mißbrauch zu treiben. Vor allem der Alkohol, das berühmt-berüchtigte Feuerwasser, hatte es ihnen angetan. Zu Tausenden sind sie daran zugrundegegangen, weil sie nicht mehr so stabil waren, mit dieser Droge sinnvoll umzugehen, weil sie mit sich und der Welt kaum noch zurecht kamen.

Seht Ihr, das ist der Kern der Sache: Wer mit sich und der Welt nicht mehr zurecht kommt, wer sich im Leben nicht zurecht findet, der ist natürlich gefährdet, eine

Droge als „Krücke" zu benützen. Wer beim kleinsten Kummer gleich zur Flasche greift, anstatt die Ärmel hochzukrempeln und sein Problem zu lösen, der kann jeden Tag einen Grund dafür finden. In unserer Gesellschaft gibt es so viel Gemeinheit und Hinterhältigkeit (ich habe es ja schon geschrieben), daß man jeden Tag Grund zu Kummer und Depressionen haben kann. Das ist das Problem, daß wir nicht unter menschenwürdigen Umständen leben, daß es so viele kaputte Menschen gibt, daß man oft das Gefühl hat, daran einfach nichts ändern zu können. So ging's mir jedenfalls und vielen meiner Freunde.

Hinzu kommt, daß wir Menschen überhaupt verlernt haben, in Maßen und sinnvoll mit den Dingen umzugehen. Das fängt ganz allgemein bei der Natur an, die von uns ausgebeutet und mißbraucht wird (und wenn wir damit nicht bald aufhören, ist der Ofen wohl ganz aus!). Das geht weiter über Bereiche, an die man zuerst gar nicht denkt (wie z. B. Verteidigung: Waffen, ursprünglich als Schutz und Hilfe zur Notwehr gedacht, wurden immer öfter dazu verwendet, andere Menschen zu überfallen und auszurotten) bis hin zu uns selber. Wir machen nicht einmal vor den Mitmenschen halt, scheuen uns nicht, uns gegenseitig täglich zu mißbrauchen, sei es in der Liebe oder im Arbeitsleben, sei es im Autoverkehr oder im alltäglichen Umgang miteinander. Wieso sollten wir ausgerechnet mit Drogen keinen Mißbrauch treiben?

Nun komme ich wieder zu Euch und Eurem Brief. Es hat mich schon immer geärgert, daß Ihr Euch nie gewehrt habt, daß Ihr nie versucht habt, zu kämpfen oder etwas zu ändern. Ich habe dann meistens geglaubt, dafür doppelt aufmucken zu müssen, auch dort, wo es vielleicht nicht notwendig war. Damit wollte ich Euch aufrütteln, Euch zeigen, daß es auch anders geht, Euch provozieren (was mir ja auch meistens gelungen ist, nur anders als ich wollte). Ihr habt leider nie begriffen. Wenn ich Euren Brief richtig verstehe, habt Ihr immer noch nicht begriffen, um was es geht. Noch immer findet Ihr alles gar nicht so schlimm, überseht Ihr Probleme und scheut Ihr Konflikte! Ich höre wieder all Eure Sprüche: Man kann ja doch nichts ändern, und Du schon gar nicht, und überhaupt, sei froh, daß es Dir wenigstens gut geht. Ihr könnt Euch vermutlich nicht einmal vorstellen, wie sehr mir solche „Weisheiten“ auf die Nerven gehen.

Ich habe neulich ein Gedicht gelesen, das mich sehr getroffen hat, weil es meine Gedanken und Gefühle sehr genau schildert. Ich weiß leider nicht, wer es geschrieben hat, aber ich glaube, es könnte fast jeder in unserer Gesellschaft gewesen sein, wenn er ehrlich gegenüber sich selbst war. Ich will es an den Schluß meines Briefes stellen. Vielen Dank, daß Ihr mir geschrieben habt; über das Paket habe ich mich sehr gefreut. Euer Peter.

Ich wollte Nähe und bekam die Flasche.
Ich wollte Eltern und bekam Spielzeug.
Ich wollte reden und bekam ein Buch.
Ich wollte lernen und bekam Zeugnisse.
Ich wollte denken und bekam Wissen.
Ich wollte frei sein und bekam Disziplin.
Ich wollte Liebe und bekam Moral.
Ich wollte einen Beruf und bekam einen Job.

Ich wollte Glück und bekam Geld.
Ich wollte Freiheit und bekam ein Auto.
Ich wollte einen Sinn und bekam eine Karriere.
Ich wollte Hoffnung und bekam Angst.
Ich wollte ändern und erhielt Mitleid.
Ich wollte leben ...

Lieber Peter, mein lieber Junge! 15. 6. 1980

Du kannst es wohl nicht lassen; an allem mußt Du etwas zu meckern haben. Papa hat gemeint, ich solle auf dieses blöde Zeug gar nicht antworten, das hätte ja doch keinen Zweck. Aber Du weißt, daß ich trotz allem Deine Mutter bin, auch in dieser schweren Zeit. Und da kann ich Dich natürlich nicht hängen lassen, wo Du es schwer genug hast (auch wenn Du es Dir selber zuschreiben mußt). Außerdem hast Du ja darum gebeten, daß wir Dir schreiben sollen; es wäre Deine letzte Chance. Und ich will mir nicht vorwerfen lassen, ich hätte Dir dann nicht geschrieben.

Da ist sicher an manchem etwas dran, was Du schreibst. Ich meine das mit dem Mißbrauch. Du weißt ja selber, daß gerade Du jede kleine Freiheit nicht genutzt hast, sondern gleich mißbraucht. Deshalb solltest Du so etwas nicht dauernd anderen vorwerfen, sondern erstmal nach Dir selber sehen, findest Du nicht auch?

Was Du allerdings über die Indianer schreibst, verstehe ich nicht. Entweder hast Du zu viel Karl May gelesen, oder ich weiß davon einfach zu wenig. Es mag schon sein, daß Du recht hast, aber was hat das damit zu tun, was Papa und ich machen und was Du angestellt hast?

Natürlich hast Du recht, mein Junge, daß es schwer ist, sich im Leben zurechtzufinden. Du kannst uns glauben, daß es auch Deinen Eltern nicht immer leicht gefallen ist. Aber man muß es eben nehmen wie es kommt und dann das Beste daraus machen. Man kann nicht immer gegen alles anrennen, wie Du es so gerne möchtest. Und wenn Du schon etwas ändern möchtest, dann mußt Du es anders probieren, nicht mit Deinen Rauschgiftsüchtigen und Hippiemädchen.

Weißt Du, mir ging es manchmal ähnlich wie Dir, als ich noch jung war. Ich wollte auch vieles besser machen und manches ändern. Bei einigen Dingen habe ich es geschafft, aber man kann nicht alles haben. Nur habe ich damals nicht Rauschgift genommen; ich bin auch nicht im Gefängnis gelandet. Ich weiß nicht, was Du aus dem Gefängnis heraus ändern willst? Oder wenn Du schon so sehr auf die Menschheit, auf Deine Eltern und die ganze Welt schimpfst – faß Dich doch mal an die eigene Nase! Wenn Du Dich nächtelang mit Deinen Freunden herumtreibst und ganze Tage vergammelst, bist Du auch nicht besser als all die anderen – im Gegenteil. Du fällst sogar noch der Allgemeinheit zur Last, während die anderen immerhin arbeiten gehen, Kinder groß ziehen und nicht im Gefängnis landen.

Ich hab' mit Sabine lange darüber geredet. Sie findet, daß dieses Gedicht ganz gut und an manchen Stellen richtig ist. Aber auch sie sagt, Du übertreibst wie immer.

Mein lieber Junge, ich verstehe ja, daß es Dir gerade nicht gut geht, daß ,,Dir alles stinkt", wie Du immer sagst. Aber so schlimm, wie Du dauernd schreibst, sind die Menschen nun auch wieder nicht. Es gibt auch viel Schönes im Leben, du darfst eben nicht nur die eine Seite sehen. Auch ich finde nicht alles richtig, und es gibt viel Ungerechtigkeit. Aber das war schon immer so! Bestimmt habe ich auch nicht immer alles richtig gemacht mit Dir. Aber Du kannst glauben, daß ich versucht habe, eine gute Mutter zu sein; und daß Papa sich auch viel Mühe gegeben hat. Du hast es uns oft sehr schwer gemacht, und Du siehst ja, wohin es geführt hat. Glaubst Du, das war immer gut und richtig, was Du getan hast? Du warst auch manchmal sehr gemein und ungerecht zu uns. Wie oft hast Du uns vorgeworfen, daß wir Dich nicht verstehen, und Du hast Dich ja manchmal selber nicht verstanden. Und ein kleines bißchen Verständnis für Deine Eltern hättest Du ruhig auch einmal aufbringen können!

Na ja, nun laß mal gut sein. Wenn Du erst wieder draußen bist, wird die Welt schon wieder anders aussehen, meinst Du nicht auch? Laß den Kopf nicht hängen, mein Junge, und sieh zu, daß Du bald wieder rauskommst.

Viele Grüße von Sabine und Papa (auch wenn er wieder mal ,,brummelig" ist) und Deiner Mutter.

N. S.: Übrigens haben wir in letzter Zeit im Fernsehen immer aufgepaßt, wenn was über Drogen kam. Da wird ja nun doch eine ganze Menge getan von den Politikern und der Polizei. Das wird alles auch bald wieder ein Ende haben.

Liebe Mutter! 21. 6. 1980

Dein letzter Brief hat wieder zwei Seiten. Erstens war er sehr persönlich, deshalb antworte ich auch Dir und nicht Euch beiden. Sag Papa aber auf jeden Fall Grüße von mir. Du hast doch einiges verstanden von dem, was ich erklären wollte. Ich glaube, manchmal fühlst Du tief in Dir genauso wie ich, aber Du merkst es kaum noch, nicht wahr?

Die andere Seite war wie üblich: Ihr wollt immer alles möglichst schnell unter den Teppich kehren, macht Euch was vor und seid froh, wenn Ihr einigermaßen Eure Ruhe habt. Aber gerade Ihr habt ja im Dritten Reich erlebt, wie schnell es aus sein kann mit der Ruhe, wenn man sich nicht rechtzeitig wehrt.

Natürlich hast Du recht, Mutter: Auch ich habe viele Fehler begangen, war oft ungerecht und gemein. Aber ich sehe das jetzt endlich und will es ändern. Um mich herum habe ich in meinem ganzen Leben fast nur Leute getroffen, die zwar auch ihre eigenen Fehler sehen, aber nichts daran ändern. Das finde ich so schlimm! Gerade auch meine sogenannten Freunde aus der Scene, von denen ich mal soviel gehalten habe, sind eine einzige Enttäuschung. Wenn's drauf ankommt, sind die hinterlistiger und feiger als alle Spießbürger zusammen; ich hab' das inzwischen auch kapiert. Aber da gibt es immerhin eine gewisse Entschuldigung: Wer auf der Nadel hängt, der hat nur noch den nächsten Schuß im Kopf und kann an nichts anderes mehr denken. Der würde dem besten Freund das Hemd vom Leibe stehlen, wenn er Stoff braucht.

Bei den sogenannten „normalen“ Menschen ist das anders. Die machen vieles, ohne dazu gezwungen zu sein. Denk doch nur an unseren Pfarrer, der immer so unheimlich christlich tut! Kannst Du Dich noch erinnern, wie sauer ich war, als er bei einer Elternversammlung im Kindergarten alles andere als christlich war? Es ging um eine Entscheidung, die er hinter dem Rücken der Eltern getroffen hatte, obwohl schriftlich feststand, daß er gemeinsam mit dem Elternbeirat zu entscheiden habe. Bärbel, die ja ihr Kind in dem Kindergarten hatte, hat später erzählt, auf die berechtigten Beschwerden der Eltern habe er erwidert, sie könnten ihre Kinder jederzeit woanders unterbringen, wenn ihnen hier etwas nicht passe. Stell Dir so etwas mal vor! Das sagt ein Pfarrer, der sonst von Nächstenliebe und Verständnis faselt, der von Vergebung und dergleichen säuselt, daß es einem beinahe wieder zu den Ohren rauskommt. Also ich finde, wer sich Christ nennt, sollte auch versuchen, christlich zu leben und zu handeln und nicht so kleinlich und arrogant zu reagieren. Und der hat keine Sucht am Hals wie irgendein Junkie – oder vielleicht doch?

Ich könnte mich über so etwas stundenlang aufregen, aber ich will nur ein paar Beispiele bringen, damit Du weißt, was ich meine. Kannst Du Dich noch an Dieter erinnern, den jungen Lehrer, der bei uns damals so beliebt war? Sein Rektor hatte ihm untersagt, mit den Sozialarbeitern im Jugendzentrum zusammenzuarbeiten. Darüber kann man ja noch denken, wie man will, aber es ist eine Schweinerei, daß er Dieter verboten hat, darüber mit anderen zu reden, weil er sonst mit Konsequenzen rechnen müsse. Er sollte sich irgendeine Ausrede einfallen lassen, aber auf keinen Fall erzählen, daß die Zusammenarbeit ihm vom Rektor verboten worden sei. Wie kann ein Rektor nur so feige sein?

Weißt Du noch, als Bibi, meine Freundin, hier bei der Stadt als Erzieherin angestellt werden sollte? Bloß weil die Beamten von der Verwaltung etwas gegen die progressive Einstellung der Heimleiterin hatten, mußte Bibi versprechen, nicht mit ihr zusammenzuarbeiten, sonst wäre sie nicht angestellt worden. Ich hätte es ja fast nicht geglaubt, wenn nicht eine Kollegin von Bibi draußen gewartet und gelauscht hätte. Wenn ich mir so etwas Hinterhältiges nur vorstelle, würde ich am liebsten eine Bombe unters Rathaus legen; da würden schon die richtigen draufgehen! Wenn Bibi damit zur Zeitung gegangen wäre, weißt du, was die im Rathaus dann gesagt hätten? Es wäre eine Unterstellung oder ein Mißverständnis oder so etwas ähnliches. Wenn solche Leute dann wenigstens zu dem stehen würden, was sie tun! Aber nein, dann wird gelogen und gedreht, daß es nicht mehr feierlich ist. So ist die Welt.

Na ja, ich will mich nicht mit solch unerfreulichen Themen verzetteln. Ich will nur erklären, daß es wirklich schlimm ist in unserer Gesellschaft; daß ich nicht übertreibe oder gegen alles anrenne. Verstehst du nun, was ich meine?

Weißt du, es kann sehr schlimm für einen „hoffnungsvollen" jungen Menschen sein, wenn er so nach und nach merkt, daß er in eine Gesellschaft von Lügnern, Heuchlern, Feiglingen und gewissenlosen Menschen hineinwächst, in der die meisten brutal und ohne Skrupel über Leichen gehen, um den eigenen Vorteil zu wahren. Über Leichen von Millionen in sinn- und nutzlosen Kriegen ebenso, wie über die Leichen von Fixern und Säufern.

Wer da als Mensch empfindsam bleibt, sein Gerechtigkeitsgefühl nicht verlieren will, der hat es schwer, sehr schwer. In unserem Land und in dieser Welt zu überleben, braucht viel Kraft und Mut oder einen wahnsinnig dicken Schutzpanzer, der zwar die Verletzungen, aber auch Liebe und Wärme von einem abhält. Und viele junge Menschen schaffen es einfach nicht. Viele werden seelisch oder körperlich krank, immer mehr bringen sich um und noch mehr flüchten sich in Sekten, Terror und Drogen (wobei dies auch ein langsamer Selbstmord ist). Und da kann alles Gerede, Gejammere und Getue überhaupt nicht helfen. Mit Worten wird niemand einen Fixer heilen.

Ich hoffe sehr, daß Du mich ein wenig mehr verstehst und grüße Dich ganz herzlich! Dein Sohn Peter!

Lieber Peter! 26. 6. 1980

Mutter hat mich gebeten, Dir zu antworten: Ihr geht es miserabel und sie kann deshalb nicht selber schreiben. Außerdem hat Dein letzter Brief sie ganz schön geschafft.

Ich hab' am Rande mitgekriegt, was Du geschrieben hast, und ich muß sagen, daß ich Deine Vorwürfe nicht okay finde. Mutter war vor allem böse, weil Du immer noch auf unserem Pfarrer herumhacken mußt, Du weißt doch, wie sie auf ihn steht. Ich persönlich finde, daß Du zwar manchen Mist geschrieben, aber mit den Geschichten aus Deinem letzten Brief vollkommen recht hast, auch mit unserem Pfarrer. Aber Mutter läßt auf die Kirche und ihren Pfarrer nun mal nichts kommen.

Sonst geht es uns eigentlich gut; wir können nicht klagen. Ich bin jetzt Sekretärin vom Abteilungsleiter geworden. Mit Wolfgang gehe ich immer noch, aber ich glaube nicht mehr, daß aus uns wirklich noch was wird. Wie es Dir geht, brauche ich nicht zu fragen, bestimmt nicht gerade glänzend. Jetzt ist ja bald Deine Verhandlung, dann sehen wir weiter. Mutter und Vater werden Dich übrigens nicht besuchen; sie vertragen solche Aufregungen wie einen Gefängsnisbesuch nicht mehr. Vielleicht kommen sie zur Verhandlung, ich weiß es nicht genau.

Ja – das wär's dann für heute. Mutter sagt gerade, ich soll Dir noch schreiben, daß alles, was in Deinem letzten Brief steht, noch lange kein Grund ist, Rauschgift zu nehmen. Sie hat Dich aber trotzdem lieb und denkt oft an Dich. Ich finde übrigens auch, daß vielleicht an manchem etwas dran sein mag, was Du geschrieben hast, aber daß es mir und anderen nicht besser geht und wir trotzdem nicht gleich fixen. Du solltest mal vor Deiner eigenen Türe kehren, bevor Du anderen ihre Fehler vor die Nase hältst. Dir wird zwar meine Meinung egal sein, Du hast mich ja nie leiden können, aber vielleicht denkst Du mal drüber nach?

Viele Grüße! Sabine.

Liebe Eltern! 1. 7. 1980

Sabine hat mir in Eurem Auftrag kurz geschrieben: Kein Wort über all das, was ich Euch mühevoll zu erklären versucht habe. Vermutlich wollt Ihr Euch einfach nicht mit mir auseinandersetzen.

Ich möchte deshalb unseren Briefwechsel beenden; es scheint keinen Zweck zu haben. Immerhin habe ich mir eine Menge von der Seele schreiben können, bin mir dabei über vieles noch klarer geworden. In diesem Brief will ich davon noch etwas mitteilen, und dann werde ich Euch nicht mehr mit meinen Gedanken belästigen.

Es tut mir übrigens leid, Mutter, wenn Dich die Sache mit unserem Pfarrer aufgeregt hat, aber es ist ja nicht gelogen. Ich kann nichts dafür, wenn er sich so verhält, und es ist ja wohl gestattet, auch seine Fehler zu beschreiben.

In einem Punkt haben Eure Briefe mir sehr geholfen: Ihr habt sehr recht, wenn Ihr mir empfehlt, mich auch mit meinen eigenen Fehlern zu beschäftigen, vor meiner eigenen Türe zu kehren. Ich werde es beherzigen. Doch zeigen mir Eure Briefe, daß dies kein wohlgemeinter Ratschlag ist, sondern nur ein Abschieben auf mich. Bei Euch habe ich gelernt, genau das zu tun, was ich immer getan habe: Fehler und Ursachen nur bei anderen zu sehen und meine Anteile an den Ereignissen zu verleugnen.

Noch etwas ist mir deutlich geworden: Du hast geschrieben, Mutter, daß Ihr im Fernsehen erfahren habt, wieviel die Politiker und die Polizei jetzt unternehmen, um mit dem Drogenproblem fertig zu werden. Ihr seid noch immer so naiv und glaubt denen! Glaubt Ihr, von diesen Herren meint das auch nur ein einziger ernst?

Ich habe Euch zu erklären versucht, daß es kein Drogenproblem gibt, sondern nur viel zu viele Menschen, die mit sich und ihrer Umwelt nicht mehr zurechtkommen und dann zu Rauschgift greifen. Die Politiker können kein Drogenproblem in den Griff bekommen, weil es keines gibt – und die wissen das ganz genau! Die sind ja nicht auf den Kopf gefallen, sind es gewöhnt, in komplizierten Zusammenhängen zu denken. Deshalb wissen die auch sehr wohl, woher es kommt, daß es immer mehr Drogensüchtige gibt. Sie geben es nur nicht zu, weil sie dann auch dazu stehen müßten, daß sie an den Ursachen überhaupt nichts ändern wollen. Die nehmen ganz bewußt in Kauf, daß Tausende seelisch kaputt gehen, weil sie mit unseren Verhältnissen nicht klar kommen und es auch nie gelernt haben. Die Politiker und Wirtschaftsbosse würden auch Zehntausende und Millionen Tote in Kauf nehmen, wenn es sein muß (die Kriege haben das ja überdeutlich gezeigt). Die sollen bloß nicht so scheinheilig daherreden!

Falls Ihr fragt, was diese Herren ändern sollen: das wissen die ganz genau. Das fängt bei den Umständen an, unter denen wir leben. An allen Ecken und Enden wird das Duckmäusertum gefördert, werden kritische Stimmen zum Schweigen gebracht. Mit ihren riesigen Waffenlagern wird täglich die Angst vor Krieg und Vernichtung geschürt. Da verdienen sich Konzerne dumm und dämlich, und wenn es ihnen mal etwas schlechter geht, werden Tausende entlassen. Sie könnten auch mal von ihren vorher gescheffelten Millionen wieder etwas rausrücken in solchen Situationen! Da setzen Eltern Kinder in die Welt, die noch selber Kinder sind und keine Ahnung davon haben, wie man Kinder erzieht. Und keiner bringt es ihnen bei. In der Schule könnte man gut so eine Art Lebenskunde unterrichten, statt solchen unnötigen Mist wie: wann welcher Krieg im Mittelalter war oder wie sich die Regenwürmer fortpflanzen. Wer das später einmal wirklich im Leben braucht, kann überall nachschlagen. Das braucht er nicht auswendig zu lernen. Statt unendlich lange Gedichte über irgendwelche vollkommen unwichtige Dinge zu pauken, könnte man den Schülern doch beibringen, wie man miteinander besser reden und umgehen kann, wie man Kinder erzieht, wie man mit den Eltern besser zurecht kommt – ja, auch wie man es macht, daß man nicht aus Verzweiflung oder Neugier zu Rauschgift kommt. Das wäre doch leicht zu ändern, oder nicht?

Daß Menschen nicht unter menschenwürdigen Umständen leben, daß keine Liebe und Wärme in der Welt mehr zu finden ist, liegt doch auch daran, daß die Herren dafür sorgen, die jetzt über die Drogensüchtigen jammern!

Aber nicht nur sie trifft die Schuld. Natürlich ist auch jeder einzelne von uns daran beteiligt. Wir wollen es ja nicht anders, wir sind ja im großen und ganzen zufrieden. Immerhin ging es uns materiell noch nie so gut wie heute; noch nie hatten wir mehr Freizeit und mehr Möglichkeiten, aus unserem Leben etwas zu machen. Aber wie man mit diesen Freiheiten umgeht, hat uns keiner beigebracht. Und daß Gefühle und Seele bei alledem auf der Strecke bleiben, kümmert uns nicht. Zur Not haben wir dafür die Drogen! Alkohol, Tabletten, Fernsehen und Auto und all die Rauschgifte, mit denen ich mich vollgepumpt habe. Die halten uns dann über Wasser, wenn Not am Mann ist. Die paar hundert oder tausend, die daran zerbrechen – ja nun, das ist eben der Preis für den materiellen Wohlstand und das seelische Elend. Stimmt das denn nicht? Sagt es mir, wenn Ihr anderer Meinung seid! Beweist mir, daß ich im Unrecht bin! Mir ist es lieber, in meinen Gedanken widerlegt zu werden, als mit all diesen schlimmen Folgerungen leben zu müssen! Mit dem Wissen, daß Ihr genauso den ganzen Zirkus mitmacht, wie alle anderen. (Als einer meiner Freunde am Heroin draufgegangen ist, haben seine Eltern zwar gejammert und die Welt nicht mehr verstanden, aber später ihr Leben kein bißchen geändert!)

Stellt Euch das doch einmal vor, daß wir lieber all die schlimmen Folgen von legalen und illegalen Drogen in Kauf nehmen als unser Leben zu ändern! Kann Euch da nicht auch das kalte Grausen packen? Daß unsere Politiker dumm reden und die Ursachen nicht zugeben, liegt übrigens auch an uns. Wir bräuchten nur endlich begreifen, daß es jedem von ihnen nicht um Verantwortung für seine Mitmenschen geht, sondern um Ansehen, Macht und persönliche Vorteile. Das fängt im Gemeinderat an und hört beim Bundeskanzler auf! Wir bräuchten nur andere Politiker zu wählen, aufrichtige und wahre Menschen! Oder wir müßten endlich aufstehen und nicht mehr mitmachen! Diejenigen, die bisher an einer Änderung arbeiten wollen, die sogenannten „Linken", kämpfen untereinander mehr als gegen die Verhältnisse. Außerdem kommen die meisten davon mit sich selber nicht mal zurecht, geschweige denn mit einer „Revolution" oder so. Wie in der Rauschgiftszene wird auch in diesen Kreisen geheuchelt, gelogen und intrigiert wie bei denen, die sie angeblich bekämpfen. Nein, die schaffen's auch nicht, haben genug mit sich selber zu tun. Und ob das, was die wollen, wirklich soviel besser ist? Wenn ich die kommunistischen Länder anschaue, wird's mir genauso schlecht wie bei den kapitalistischen. Ein wahrer sozialistischer Genosse, das scheint ein mit möglichst vielen Orden und Abzeichen behängter Heuchler zu sein, der die Splitter im Auge der Kapitalisten beschimpft und die Balken im eigenen nicht sieht. Nein danke, das will ich nicht geschenkt, das ist keine Spur besser!

Ich bin jetzt wütend, vielleicht ungerecht. Warum auch nicht? Zu mir sind schon viele ungerecht gewesen, wir sind überhaupt alle zueinander nicht so, wie wir es könnten und wie es sich jeder im Grunde wünscht! Nein, ihr wollt alle so weiter leben wie bisher. Ihr nehmt gerne in Kauf, daß es Säufer, Fixer und Schlimmeres gibt. Ihr habt nicht den Mut, menschlicher zu werden! Auch Ihr, liebe Eltern! Oder bin ich im Unrecht? Wenn ja, zeigt mir meinen Irrtum! Beweist mir, daß ich mich täusche, daß ich dies alles falsch sehe! Ich wäre Euch unendlich dankbar, aber ich glaube nicht daran. Peter.

Autoren- und Quellenverzeichnis

Heinz Körner (Herausgeber)
Jahrgang 1947, lebt in Fellbach bei Stuttgart. Nach dem Abschluß einer kaufmännischen Lehre studierte er Sozialarbeit und arbeitet seit acht Jahren in diesem Bereich. In Stuttgart und Umgebung erscheint die von ihm herausgegebene Zeitung JUGENDHAUS seit 1973. Der breiteren Öffentlichkeit wurde er durch seine therapeutische Erzählung JOHANNES (1978) bekannt. 1979 erschien der erste Band der von ihm herausgegebenen Reihe EIN LESEBUCH FÜR ERWACHSENE zum Thema Eifersucht, 1984 der Band MÄNNERTRAUM(A). Außerdem hat er 1983 die Märchenanthologie DIE FARBEN DER WIRKLICHKEIT herausgegeben.

Kristiane Allert-Wybranietz
1955 geboren, lebt in Obernkirchen. Sie schreibt seit 1973 Gedichte und hat in mehreren Zeitungen und Anthologien veröffentlicht. In diesem Verlag erscheinen ihre Bücher TROTZ ALLEDEM – VERSCHENKTEXTE (1980), LIEBE GRÜSSE (1982) und WENN'S DOCH NUR SO EINFACH WÄR (1984). Zwei Märchen von ihr erschienen in FARBEN DER WIRKLICHKEIT (1983).

Dr. Gerhard Edel
1946 geboren und in Stuttgart aufgewachsen, arbeitet als Diplom-Pädagoge auf einem Kreisjugendamt. Seine Dissertation erschien in überarbeiteter Fassung in der Reihe „Forschungsberichte" des Deutschen Jugendinstitut, München unter dem Titel ARBEITSPROBLEME VON JUGENDLICHEN UND HERANWACHSENDEN ALS AUFGABE DER JUGENDHILFE (1980). Außerdem veröffentlichte er mehrere Beiträge in verschiedenen Fachzeitschriften.

Brigitte Kohnz
Jahrgang 1956 und graduierte Sozialpädagogin, arbeitete in den Jahren 1977 und 1978 in der Fachklinik „Four Steps". Seit Sommer 1981 arbeitet sie am Aufbau der Therapeutischen Gemeinschaft Maulbronn, einer Einrichtung für jugendliche Drogenabhängige.

Alexander J. Müller
geboren 1949, studierte in Tübingen Klinische Psychologie und ließ sich in Gesprächs- und Verhaltenstherapie ausbilden. Nach einem Jahr in einer Erziehungsberatungsstelle arbeitet er nun als freier Psychotherapeut in Stuttgart. Betreibt Aufklärung über Drogen für Schüler, Lehrer und Eltern.

Michael Rommelspacher
1949 geboren, ist Diplom-Psychologe und hat am Fritz-Perls-Institut eine Ausbildung zum Gestalttherapeuten absolviert. Er arbeitete mehrere Jahre in der Fachklinik „Four Steps". Seit 1982 freie Praxis als Psychotherapeut und Supervisor in Stuttgart.

Christof Theis
Jahrgang 1955, seit 1974 Journalist, beschäftigt sich mit Themen in den Bereichen Jugend, Kultur und Musik. Als freier Mitarbeiter ist er für verschiedene Magazine und Zeitungen tätig. Er lebt in Berlin.

(© Christof Theis, 1980)

(Das Gedicht auf den Seiten 150/151 ist eine gekürzte Fassung des Textes „Reifeprüfung" von Reinhard Jung.)

Ausweg aus dem Sumpf

Heinz Körner

JOHANNES

Erzählung

lucy körner verlag

ISBN 3-922028-00-4.
104 Seiten, 12.– DM.

Die Presse schreibt über JOHANNES:

Viele zerbrechen sich den Kopf auf der Suche nach den Ursachen der Drogensucht. Vielleicht erfährt JOHANNES gerade bei jungen Leuten deshalb so großen Zuspruch, weil hier einige dieser Gründe genannt werden. Zugleich zeigt Körner einen Ausweg aus dem Sumpf, in dem viele stecken. Das Buch des 33jährigen Sozialarbeiters hat bereits zahllose jungen Drogenabhängige zu einer Therapie animiert.
(FELLBACHER ZEITUNG)

Heinz Körner hat, gleich einem Castaneda, die Erfahrung innerer Wahrheit in eine spannende Erzählung, in ein modernes Märchen umgewandelt.
(MIDDLE EARTH)

Und indem Körner in seinem Buch die die Wohlstandsgesellschaft kennzeichnende Sucht, etwas darzustellen was man nicht ist, ebenso deutlich zu machen versucht wie die Kunst, viel zu reden ohne etwas zu sagen, veranschaulicht er zugleich die der jungen Generation aufgezwungenen Probleme.
(STUTTGARTER ZEITUNG)